연구조사 테이터에 기초한 Z세대 2025년 한국교회 과제와 전망

Z세대
트렌드와 한국교회
2025

한국교회, Gen Z에게 달려 있다

전석재 서요한 지음

다음시대연구소
Next Century Institute

Contents

추천사

디지털 네이티브로서의 Z세대는 교회에 대한 신뢰가 낮고 경제적 안정과 개인적 성취에 주로 관심사가 있습니다. 이제 한국교회는 Z세대에게 어떻게 다가 가야할지, 이들의 고민과 이슈는 무엇인지 진지하게 고민해야 할 때입니다.

저자는 Z세대를 향한 교회의 역할이 단순한 전도가 아닌, 그들의 필요를 진지하게 고민하고 진정성 있게 다가가야 함을 강조합니다. 이 책은 통계 조사와 트렌드 분석으로 한국교회의 리더들에게 Z세대를 이해하고 그들의 언어로 소통하는 데 필요한 통찰을 제공합니다.

Z세대는 더 이상 단순한 세대 구분이 아닙니다. 그들은 새로운 시대의 핵심이며, 교회가 반드시 이해해야 할 대상입니다. 변하는 시대 속에서 교회가 Z세대와 소통하기 위한 길을 모색하는 이 책은, 미래 목회자들과 지도자들에게 매우 귀중한 지침이 될 것입니다.

호서대학교 총장
강 일 구

예수님은 늘 눈높이로 다가가셨다. 그들의 언어로 물었고 답했다. 고된 삶이어도 하나님이 왜 중심에 계셔야 하는지 눈을 뜨게 하셨고 귀를 열어 주셨다. 예수님의 말씀에 다들 마음문을 열었다. 우리는 어떤가? 우리는 왜 예수님을 따르면서 예수님의 길에서 벗어나는가? 이 책은 다음 세대에 다가가는 길을 가리킨다. 그들이 누구인지 알고 그들이 이해하는 언어로 찾아가신 예수님처럼 다가가도록 하는 바로 그 길을 비춰준다. 다음 세대를 마음에 품고 있는 사람이라면 누구나 이 책을 읽고 밤새 잡은 고기가 없지만 말씀대로 다시 더 깊은 곳에 그물을 내릴 것을 확신한다.

베이직교회 담임목사

조 정 민

한국교회는 계속해 다음세대의 중요성을 이야기해왔지만, 정작 다음 세대를 이해하려는 노력에는 열심을 기울이지 않았다. 이 책은 소위 MZ라는 단어로 폭 넓게 묶여왔던 다음 세대를 분해해 Z세대에 초점을 맞춘다. 우리가 Z세대를 눈여겨봐야 할 이유는 책에서도 언급되듯이 다른 세대에서 바라보는 Z세대와 그들이 스스로 생각하는 자신의 격차가 매우 크기 때문이다. 눈에 띄게 종교성이 약해지는 세대에게 복음을 이야기하기 위해서는 그 세대에 대한 이해가 필요하다. 유의미한 통계 결과를 바탕으로 한 이 책은 Z세대를 진정으로 이해하기 위한 좋은 길라잡이가 될 것이다.

만나교회 담임목사

김 병 삼

고령화 저출생 시대 속에서 다음 세대를 기르는 일은 우리에게 맡겨진 빛나고 아름다운 사명입니다. 오늘 한국 교회는 다음 시대를 열어갈 새로운 세대를 맞이하고 있습니다. 디지털 세상의 트렌드를 이끌고 있는 이들 Z세대는 그들만의 언어와 문화로 소통을 만들어 내고 있습니다. 바로 이 시기에 〈2025 Z세대 트렌드와 한국교회〉의 출간은 참으로 감사한 일입니다. 본서를 통해 우리가 서 있는 자리를 점검하고 목회와 사역 현장에 필요한 전략을 함께 세우며 하나님 나라의 새 역사를 이루어 가기를 바랍니다. 오늘도 새로운 세대를 일으키시고 인도하시며 교회를 축복하시는 은혜의 하나님께 감사와 영광을 올려드립니다.

신촌성결교회 담임목사/한국월드비전 이사장
박 노 훈

크리스천은 변하지 않는 진리, 곧 하나님의 말씀을 믿는다. 따라서 성경을 읽고 경건생활을 하는 것은 시대 변화와 무관하게 교회가 강조하고 가르쳐야 할 내용이다. 그러나 복음 전파와 다음세대 교육을 위하여 시대에 따라 교회가 변화하거나 적응해야 할 부분도 있다. 절대진리와는 무관한 다양한 주제들이 있기 때문이다. 변화와 적응을 위한 올바른 의사결정을 하기 위한 선행조건은 올바른 현상진단이다. 적절한 입력 (input) 없이는 적절한 출력 (output)을 얻을 수 없는 것이다.

그렇기 때문에 시대가 어떻게 변하고 있는지, 미래 대한민국과 한국교회의 주역이 될 Z세대의 상황과 여론을 정확하게 파악하는 것은 무엇보다 중요하다고 할 수 있다. 대한민국과 한국교회가 쇠퇴하고 있다는 대내외적인 평가가 팽배한 가운데, 여론조사를 바탕으로 Z세대의 전반적인 상황을 진단하고 있는 〈Z세대 트렌드와 한국교회 2025〉가 발간되었다. 바쁜 와중에 짬짬이 시간을 내어 책을 집필해주신 전석재 교수님, 서요한 목사님께 감사드리며, 한국교회와 다음세대를 아끼고 복음 전파를 위해 머리를 싸매고 있는 모든 하나님의 사람들에게 이 책을 강력하게 추천한다.

울산대학교 교수/바른청년연합 대표
손 영 광

청소년들을 대상으로 성경적 성가치관 교육 및 중독 예방 교육 강사를 양성하고 파송하는 선교회의 대표로 수년을 섬기면서 다음 세대. 이른바 Z세대의 진면모와 그들을 향한 눈높이 선교를 어떻게 할 것인가에 대한 고민과 기도가 늘 반복되는 생활속에 참으로 반가운 책이 나왔다. 바로 선교학 박사로서 또한 교수로서 다음 세대 선교를 위해 연구하고 헌신해 온 전석재 교수님과 온라인 선교를 통해 꾸준히 차세대와 소통해온 서요한 목사님의 저서 〈2025 Z세대 트렌드와 한국교회〉이다. Z세대가 약 80%가 교회에 대한 신뢰를 잃었다고 말하는 현실속에, 막연히 한탄만 하거나 말세적 패배주의에 젖을 것이 아니라 이책을 통해 Z세대와 긴밀하게 소통하고 영적인 응집력을 다시한번 회복하고 부흥하는 기쁨을 맛보길 강력히 추천한다.

영남신대 특임교수/에이랩아카데미선교회(ALAF) 대표
김 지 연 약사

사람들이 교회를 찾는 이유는 자신의 능력으로는 해결할 수 없는 문제를 해결 받기 위해서다. 교회는 삶의 문제를 해결할 답을 제시 할 수 있어야 하고 그 답이 맞다는 것을 증명할 수 있어야 한다. 1분도 안 되는 쇼츠영상에 익숙한 Z세대에게 교회가 인기 없는 이유는 교회가 제시하는 답에 재미가 없고 이해가 되지 않기 때문이다. 그러나 교회의 답이 틀린 것이 아니다. 인생의 모든 문제는 삶의 유한함에서 비롯된다. 그러나 예수님께선 영원한 삶을 살게하시는 통로를 열어 주셨다. 교회가 가진 확실한 정답을 어떻게 전할 것인가? 이 책은 Z세대가 구하는 답이 무엇인지와 그 답을 어떻게 보여줘야 하는지에 대한 힌트를 설명하고 있다. 교회의 답은 틀리지 않았다. 답을 전하는 방법이 바뀌어야 할 뿐이다.

전 MBC뉴스데스크 앵커/현 펜앤드마이크 앵커

최 대 현

프롤로그

복음, Z세대를 바꾸다

인공지능(AI) 로봇기술 과학 생명이 주도하는 4차산업혁명시대 모든 것이 빠르게 변화되고 있다. 빠르게 변화하는 시대에 Z세대는 불안과 걱정의 시대를 살아가고 있다. 미래의 취업과 진로는 불투명하고, 그리고 경제적인 문제로 하루하루 버거운 고민을 하면서 살아가고 있다. 학교와 교회에서 많은 Z세대를 만났다. 심지어 Z세대 두 아들과 함께 살고 있다. Z세대 그들을 보면서 문제의식을 갖고 항상 고민하였다.

Z세대의 고민은 20여 년 전 미국 United Theological Seminary 선교학 박사과정을 하면서 부터이다. 다음세대를 향한 트렌드, 종교의식, 교회 호감도, 전도전략을 연구하면서 관심을 갖게 되었다. 한국적 상황에서 "전자문화 안에서 새로운 세대(New Generation)를 향한 전도전략" 주제로 선교학 박사 논문을 작성하였다. 2003년 설문을 만들고, 중고등학생, 대학생, 직장인을 직접 만나 직접 설문을 받고, 질문하고, 상담하면서 박사학위 논문을 만들어 갔다.

2004년 선교학박사 학위를 받고, 계속 관심사는 다음세대였다. 10년쯤 지난 후 2015년 서울신대 최동규 교수와 함께《미래세대 전도와 목회》 책을 사회과학적 연구 방법으로 저술하여 출판하였다. 그리고 10년이 지나고, 집중적으로 MZ세대, 알파세대를 연구하기 위하여 《다음시대연구소》를 설립하였다. 연구소에서 첫 번째 책을 구성하고 《2025 Z세대 트렌드와 한국교회》를 출간하였다. 이 책은 다음세대를 함께 고민하면서 서요한 대표가 경영하는 '여론조사공정(주)'가 함께 하였다. 20년 전 설문과 좀 다른 형태의 설문 문항을 만들었고, 설문 조사와 분석을 여론조사공정(주)의 서요한 대표가 담당하였다.

그동안 MZ세대에 관하여 출판된 책들을 살펴보면, MZ를 묶어서 여러 분야에서 책이 출간되었다. 하지만 연구조사를 살펴보면 80년대와 90년대 초중반에 태어난 M세대(밀레니엄세대)와 90년대 중 후반부터 2000년대 중반까지 Z세대(연구대상 1996~2007년)는 성향, 취미, 가치관 변화, 트렌드, 종교의식, 기독교의 선호도 등이 차이가 있다. 좀 더 구체적으로 대상을 세분화하고 접근할 필요가 있다.

20년 전이나 10년 전이나 현재에도 변화하지 않은 다음 세대 특성들이 있었다. 20년 전 신세대(New Generation), 현재 Z세대 가운데 변화하지 않는 것은 '미래에 대한 불안과 걱정'이다. 사회적으로 10대 후반과 20대들이 경험하는 미래의 진로와 취업에 대한 불안 때문일 것이다.

최근의 조녀선 하이트가 쓴, 《불안세대 The Anxious Generation》는 디지털 원주민이라는 Z세대가 불안세대를 살아가고 있다고 지적하고 있다. 그 이유는 스마트폰과 SNS가 우리의 아이들, 청소년들, Z세대를 병들게 하고 있다고 한다. Z세대는 디지털을 말하지 않으면 설명할 수 없는 세대이다. 이들을 불안하게 하는 것이 스마트폰과 SNS

라는 것이다. 불안의 시대를 살아가는 Z세대는 디지털 환경의 과도한 민감성 때문에 불안하다. 그들은 "미래의 취업과 진로"가 더욱 불안과 걱정을 갖게 하였다.

연구조사를 보면, Z세대는 10명 중 8명은 '교회에 대하여 신뢰하지 않는다.' 그리고 10명 중 7명은 '교회에 대한 호감도가 매우 낮다.' 또한 '기독교를 종교로 가질 의향이 없는 Z세대'가 10명 중 8명이 넘는다. 이것은 무엇을 의미하고 있는가? 비신자 Z세대에게 '기독교와 교회'는 한마디로 '호감도와 매력'이 없다. 교회를 다니는 Z세대조차 '교회를 신뢰하지 않는다'가 10명 중 4명에 가깝다. 통계를 보면 심각한 상황이다. 이러한 결과의 이유는 다양하다.

다음시대를 살아가는 Z세대를 향한 한국교회는 왜(Why)를 묻고, 이제 진지한 고민과 함께 어떻게(How)를 실천해 가야 한다. Z세대를 향한 소통과 공감을 위한 노력과 시도가 요구된다. 세상 가운데 치열하게 살아가는 그들에게 '다리 놓기'를 고민해야 한다. 교회의 관점이 아니라 세상에서 치열하게 살아가며, 불안과 걱정하는 Z세대가 생각하는 교회가 무엇인지를 진지하게 귀 담아 들어야 한다. 그리고 진정성 있게 그들에게 다가가자. Z세대를 교회 성장의 수단이나 통로로 생각하지 말고, 그들의 필요가 무엇이며, 신뢰를 줄 수 있는 교회를 만들어 보자.

《2025 Z세대 트렌드와 한국교회》는 연구조사와 통계 분석으로 끝나지 않았다. Z세대를 향한 세상과의 '다리놓기' 고민을 담아내고자 노력하였다. 한국교회가 미래를 걱정한다. 교회마다 청년과 학생, 어린이들이 없다고 아우성이다. 물론 사회적인 저출산의 결과이기도 하다. 그럼에도 불구하고 다음시대 Z세대들은 교회에 관심이 없다. 이 문제는 한국교회의 리더십들이 Z세대에 대한 깊은 고민과 함께 연대하여 풀어야 할 숙제이다.

빠르게 변화하는 Z세대를 변화하지 않은 '복음'이 바꿀 수 있다고 믿는다. '복음'이 그들을 변화시킨다. 세상 속에서 살아가는 Z세대에게 성육신적 마음으로 진정성있게 다가가자. 그들의 언어와 문화로 소통하자!

이 책은 다음시대 Z세대를 향하여 20년 동안 고민하고 담아낸 책이다. 이 책의 출간이 다음시대 연구의 출발이다. 앞으로 다음시대를 살아가는 젊은이들을 위한 교회와 세상에 '다리놓기'를 계속할 것이다. 이 책을 위해 연구조사를 시행하고, 분석하며 함께 한 동역자 서요한 대표께 고마운 마음을 전한다. 이 책을 통해 한국교회가 다음시대에 깊은 관심을 갖고, Z세대를 향한 돌봄과 그들을 향한 '다리놓기'에 매진하기를 간절히 바란다.

2024년 10월

전 석 재

들어가면서

X세대 부모로서 현재 Z세대 자녀 3명과 살고 있다. 교회에서는 매주 Z세대 크리스천들의 성경 공부를 인도하고 있다. 그럼에도 불구하고 Z세대를 정확히 이해하고 있다고 말할 수 없다. 소통에 어려움을 겪을 때가 한 두 번이 아니다. 간혹 자녀들에게 "지금 너의 뇌구조 그림은 어떻게 되어 있니?"라고 묻는다. 무슨 생각을 하고 있는지 알기 어렵기 때문이다.

"기독교 사람들 왜 이렇게 끈질기게 전도하려 하는 거임. 새로운 사람 데려가면 교회에서 인센티브라도 줌?"

지난해 10월 서울 A대학교의 한 재학생이 대학생 익명 온라인 커뮤니티인 에브리타임(에타)에 올린 글이다. 교회와 개신교인을 향한 거친 표현이 들어간 이 게시물에는 "그게 교회의 사명임ㅋㅋ" "난 옳아… 난 틀리지 않았어… 내가 맞는 거야 라고 생각하고 전도하는 것"이란 댓글이 달렸다.

'끈질긴 전도' '예수처럼 살지 않는 교인' '이기적인 교회'…. 에브리타임에서 한국교회와 기독교에 부정적 의견을 남긴 이들이 주로 쓴 표현이다.

Z세대(1990년대 후반~2000년대 중반 출생)인 이들의 날 선 표현에서 한국교회는 어떤 점을 파악해야 할까.

("전도 왜 하는 거임?"… 한국교회 향한 Z세대 시선 보인다 라는 제목의 《국민일보》. 2023년 2월 21일)[1]

어느 시대보다 가정과 사회, 그리고 교회에서 Z세대 친구들을 이해하고 소통하는 것이 중요하다. 운영하는 회사에서 여론조사를 실시할 때 가장 애를 먹는 연령대가 20대이다. 인구 대비 지역별, 성별로 할당된 쿼터를 규정에 맞게 채워야 하는데, 다른 세대와 달리 Z세대의 응답률이 가장 낮아 조사 시간과 비용에 부담을 주고 있다. Z세대를 이해하는 것이 매우 어렵다. Z세대를 교회로 전도하고 인도하는 것은 더욱이 어렵다. Z세대는 교회와 기독교에 매우 부정적이기 때문이다.

뉴스파워 2024. 5. 17일자 기사에서, "지금 한국교회에는 Z세대가 필요하고, Z세대에게는 교회가 필요하다"고 볼 수 있다. 2024년 2월 퓨 리서치(Pew Research)의 조사에서 "미국 성인의 80%가 종교의 영향력이 전반적으로 줄어들었다"고 응답하였다. 미국 교회 Z세대들에게는 더욱 종교의 영향력의 감소가 다른 세대에 비해 더 크다. 미국뿐 아니라 한국에서 Z세대가 신앙이 약화되고 교회를 떠나고 있는 현실 앞에서 교회들이 이들을 끌어안고 소속감을 안겨줄 수 있는 기반과 시스템들을 마련"하는 것이 필요하다고 보도하였다. 더욱이 비신자 Z세대는 기독교와 교회에 관심이 없다. 그리고 교회를 신뢰하지 않는다.

한국 인구 구조변화 따른 여파는 교회에 직접적 영향이 되고 있다. 2024년 7월말 기준 대한민국 인구는 약 5,127만 명 정도이다. 그 중에 이번 연구의 조사대상인 만17세~28세 인구는 674만명으로 약 13%를 차지하고 있다(통계청 연령별 인구현황).

고령층 비율은 높아지고, 유소년인구 비율은 급격히 낮아지고 있다. 향후 10년 내에 고령층과 저연령층의 연결고리가 될 수 있는 Z세대에 대한 이해와 관심이 중요하게 대두되고 있다.

한국리서치가 2023.3.22. 기획조사 한 〈Z세대에 대한 인식과 오해〉 보고서에서

"윗 세대가 생각하는 Z세대의 특성과 Z세대 당사자들이 평가한 자신들의 특성에는 차이가 있었다"고 밝히고, "기성세대의 입장에서 선입견에 따른 판단이 작동했다고 볼 수 있다"고 하였다.

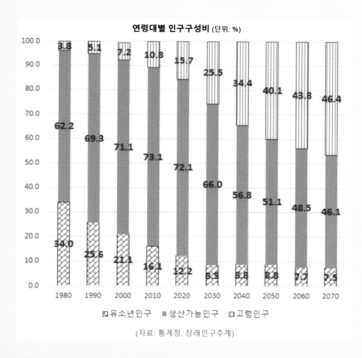

정현종의 시 〈방문객〉은 "사람이 온다는 건 실은 어머어마한 일이다. 그는 그의 과거와 현재와 그리고 그의 미래와 함께 있기 때문이다. 한 사람의 일생이 오기 때문이다."라고 하였다. 한국교회는 지금 Z세대라는 어머어마한 방문객을 맞고 있다. 하지만 Z세대를 맞을 준비가 되어 있는가? 하는 의구심이 든다.

이러한 상황에서 다음시대의 이슈 중 Z세대에 관한 책을 집필하게 되었다. 다음세대 전도 논문과 책을 집필한 저의 지도교수이자 선교학자 전석재교수가 Z세대를 명쾌히 해석하고 탁월한 대안을 세웠다. 필자는 여론조사를 통한 기본 데이터 통계처리와 의미있는 해석을 부여하였다. 이 책은 다음시대 Z세대 트렌드 읽기와 시사점을 논의하였다. 또한 한국교회의 Z세대 교육, 돌봄과 비신자 선교 방향을 과학적인 데이터를 근거하여 집필하게 되었다.

이번 연구조사는 Z세대 관심이 무엇인지? 그리고 Z세대가 무엇을 고민하는지? Z세대가 생각하는 교회의 호감도와 기독교의 신뢰도가 무엇인지를 살펴보았다. Z세대의 트렌드와 성향을 분석하여 2025년 한국교회가 Z세대를 이해하고, 어떻게 그들을 향한 돌봄, 교육과 사역의 계획을 세울지 생각해 보았다. 특별히 교회와 기독교를 신뢰하지 않는 비신자 Z세대와 '다리놓기'를 제시해 보고자 한다. 한국교회 목회자, 다음세대 사역자, 교사, 청년들이 이 책을 통하여 Z세대를 향한 관심과 기회, 그리고 다리놓기를 시도하길 간절히 기대한다.

2024년 10월

서 요 한

Z

Part 1.
Z세대(Generation Z) 이해

'Z세대'란 일반적으로 X세대와 Y세대(밀레니엄세대)의 뒤를 잇는 인구집단을 이르는 말이다.

'Z세대'라는 용어는 법률적 , 사회학적으로 명확히 규정된 것은 아니다. 연구자들이나 나라마다 조금씩 차이는 있지만, 대략적으로 1990년대 중반~2000년대 중후반에 출생한 청년 또는 학생 세대라 할 수 있다.

Part 1. Z세대(Generation Z) 이해

　'Z세대'란 일반적으로 X세대와 Y세대(밀레니엄세대)의 뒤를 잇는 인구집단을 이르는 말이다. 'Z세대'라는 용어는 법률적, 사회학적으로 명확히 규정된 것은 아니다. 연구자들이나 나라마다 조금씩 차이는 있지만, 대략적으로 1990년대 중반~2000년대 중후반에 출생한 청년 또는 학생 세대라 할 수 있다.

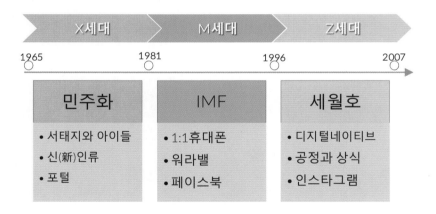

　목회데이터 연구소의 《2023 한국교회 트렌드》에서 "Z세대는 디지털 네이티브라고 불리는 세대이다. 그들은 인터넷과 스마트폰 덕분

에 그 이전 세대들과는 세상을 접하는 방식과 바라보는 관점이 완전히 다르다. 그들이 자라온 환경은 이전 세대들과 다름의 정도를 넘어 매우 독특하다."[2] 그렇다. Z세대는 완전히 X세대, M세대와 생각과 가치관이 완전히 다르다. 디지털 네이티브들은 태어나면서부터 스마트폰과 태블릿PC가 생활의 중심이다. 그들을 '디지털 원주민(Digital Native)'이라고 부른다. 급격한 IT기술의 발달로, 태어나면서부터 스마트폰에 익숙하고, 소셜미디어(SNS)를 통해 타인과 소통하고 관계를 맺는 것이 일상이다.

미국의 상황도 별반 다르지 않다. 그들은 무선으로 연결되어 있다. Z세대는 미국의 다른 어떤 세대의 학생보다 휴대폰, 태블릿, 노트북, 컴퓨터에 더 많은 시간을 보낸다. 진 웬지(Jean Twenge) 는 Z세대 iGen이라 부른다.[3]

"가장 최근 조사에 따르면 iGen 고등학교 3학년 학생들은 인터넷에서 하루에 2시간 남짓, 전자 게임에 하루 1시간 반, 영상 채팅에 약 30분을 소비했습니다. 새로운 미디어를 사용하며 하루에 총 6시간을 소요하고 있다. 이는 단지 여가시간에 만 해당된다." "아직 중학교에 재학 중인 8학년 학생들도 하루에 한 시간 반씩 문자 메시지 보내기, 온라인 탐색, 게임하기, 약 30분 정도 비디오 채팅-뉴미디어를 통한 하루 총 5시간을 소비하고 있다."[4]

Z세대는 태어날 때부터 스마트폰을 달고 나온 '포노사피엔스'로서 '디지털 원주민'이다. 심리적으로는 '질풍노도의 시기', 종교적으로는 '미전도 종족'으로 불리고 있다. 더욱이 Z세대를 'Meme Generation'(밈세대)라는 말이 추가되고 있다.[5]

하루종일 태블릿 등 모바일기기에 매달려 살며 멀티태스킹이 자연스런 세대이다. 정보력이 기성세대 보다 훨씬 뛰어나며, 궁금한 것은 주변이나 부모에게 묻지 않고, 온라인에서 모두 해결한다.

"그들은 원하는 거의 모든 정보에 즉시 접근할 수 있습니다. 그들은 영상, 디지털틱톡, 인스타그램 등, 문자로 상호작용하는 것을 매우 중요하게 생각한다."[6] 그들은 다양성을 가지고 있고, 대부분이 고등학생과 대학생이며, 이제 취업을 준비하는 취준생이다. 무엇보다 Z세대 문화는 연결성이다. "밀레니얼 문화는 '현실화'라는 말로 설명할 수 있다. Z세대 문화는 "연결"이라는 문구로 설명할 수 있다."[7]

오픈서베이가 2023년 9월 Z세대 1200명을 대상으로 조사하여 발표한 〈 Z세대 트렌드 리포트 2023〉에 의하면, 자신의 스마트폰에서 절대 삭제할 수 없는 앱으로 카카오톡·유튜브·인스타그램, 틱톡 등을 꼽았다.

내 폰에서 삭제할 수 없는 앱 Top5

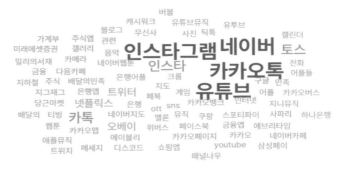

출처:https://blog.opensurvey.co.kr/trendreport/generation-z-2023/

Z세대는 공동체적이기보다 개인적이고 독립적이다. 소비 패턴 역시 기존 세대와 다른 양상을 보인다. 좋고 싫음에 대한 표현도 정확하다. 취향도 독특하면서 다양성을 보인다. 한편 대학내일20대연구소가 펴낸 《Z세대 트렌드 2024》에서는 '선명한 개인적 지향성' 즉, 남들과 차별화된 취향과 지향성을 추구하는 것'이 Z세대[8]라고 하였다.

Z세대는 포스트모던 문화에 속해 있다. 그들은 포스트모던 문화에 많은 영향을 받고 자라났다. 그들은 후기 기독교의 상황에서 자라났고, 그래서 Z세대의 세계관은 기성세대의 생각과 가치관 많은 차이를 가지고 있다.

이는 i세대를 종교에서 멀어지게 하기 위해 두 가지 세력이 동시에 작용하고 있음을 시사한다. 즉, 더 많은 i세대가 비종교적인 가정에서 분노하고 있다. 더 많은 i세대 십대와 20대 초반이 더 이상 종교에 속하지 않기로 결정했다. 조지 바너(George Barna)는 다음과 같이 설명하고 있다. "무신론자로 자신을 표명하고 인식하는 Z세대의 비율은 미국 성인의 두 배이다."[9]

기독교 세계관을 가진 미국사회도 세속화의 물결의 도전으로 Z세대들 가운데 무신론자 비율이 기성세대의 두배 이상이다. 한국의 Z세대는 더욱 심각한 상황이다. 세속화의 물결 뿐만 아니라 포스트모던 문화[10]의 영향과 디지털의 진보는 Z세대를 기독교로부터 멀어지게 하였다. 더욱이 Z세대들은 교회에 대하여 관심이 없고 교회를 신뢰하지 않는다.

Part 2
Z세대 트렌드 특성

첫째로 '생존본능'(An instinct for Survival)이 발달해 있고, 생존이 일상이라는 것이다.

두번째는 자기 밖에 모르는 건가 싶을 정도로 '자기 몰입적 태도'(Self-immersion mindset)를 가지고 있다.

세 번째 감각은 빠르게 판단하고 빠르게 결정하고, 빠르게 움직이는 '단거리적 관점'(Short-distance View)이다. 그리고 이들은 반복되는 시합과 경쟁 속에서 살아오다 보니 '지친 마음'(Low mental Strength)를 가지고 있는 세대라고 한다.

마지막으로 Z세대는 불공정, 불평등, 부당함에 대하여 민감하게 반응하는 '부당함에 대한 센서'(Injustice Sensor)1)를 탑재'Z세대'라는 용어는 법률적, 사회학적으로 명확히 규정된 것은 아니다.

Part 2. Z세대 트렌드 특성

정연승이 집필한 《Z세대, 우리에게 도착한다》를 보면, 'Z세대의 5가지 감각'에 대하여 말하고 있다. 이들은 첫째로 '생존본능'(An instinct for Survival)이 발달해 있고, 생존이 일상이라는 것이다. 두 번째는 자기 밖에 모르는 건가 싶을 정도로 '자기 몰입적 태도'(Self-immersion mindset)를 가지고 있다. 세 번째 감각은 빠르게 판단하고 빠르게 결정하고, 빠르게 움직이는 '단거리적 관점'(Short-distance View)이다. 그리고 이들은 반복되는 시합과 경쟁 속에서 살아오다 보니 '지친 마음'(Low mental Strength)를 가지고 있는 세대라고 한다. 마지막으로 Z세대는 불공정, 불평등, 부당함에 대하여 민감하게 반응하는 '부당함에 대한 센서'(Injustice Sensor)[1]를 탑재하고 있다.

Z세대는 '생존본증, 자기 중심적, 빠른감각, 경쟁속에서 지친 마음, 공정을 원함'을 가지고 있는 것을 볼 수 있다.

자 그럼 Z세대의 콘텐츠 소비 특징은 무엇인가? 콘진원 콘텐츠산업정책연구센터 김인애 선임연구원은 "Z세대 콘텐츠 소비 특징이 '프리즘(PRISM)'으로 요약된다고 설명했다. '프리즘'은 다섯 가지 특징의 영문 앞 글자를 딴 키워드다. ▶맥락보다 재미를 선호하는 성향

(Paradox of context)이 있고; ▶현실과 판타지가 융합(Reality-Fantasy Fusion)된 콘텐츠를 즐기면서; ▶자신이 본 콘텐츠에 대한 타인의 반응을 검색(Interactive emotional exploration)하고; ▶콘텐츠를 핵심만 빠르게 소비(Speedy consumption)하며; ▶인공지능(AI)과 관련 콘텐츠에 친숙하면서도 부정적(Mixed views on AI)이다."[2]

모든 것에 재미가 있어야 한다. 판타지를 현실과 함께 공존하며 융합하기를 좋아한다. 타인의 반응에도 민감하다는 것을 알 수 있다. 무엇보다 빠르게 속도감을 중요하게 생각하며, AI를 이용하면서도 부정적인 관점이 있다는 것을 발견한다.

Z세대 콘텐츠 소비의 특징의 사례로

"틱톡에서 유행한 '꽁냥이 챌린지' '마라탕후루 챌린지', 판타지 드라마 '선재 업고 튀어'(tvN)와 '낮과 밤이 다른 그녀'(JTBC), 영화 관람 후 심박수를 인증하는 챌린지로 입소문을 냈던 영화 '서울의 봄' 등이 콘텐츠 트렌드의 성향을 녹아낸 사례들이다. 시간의 가성비를 따지는 '시성비'도 Z세대가 중시하는 요소다. 뉴스를 볼 때도 핵심만 이해하기 쉬운 짧은 뉴스를 선호한다. 유튜브 뉴스를 이용하는 Z세대의 43%가 숏츠로 유튜브 뉴스를 이용한다고 언급했다."[3]

Z세대는 길고 지루하고 재미없는 것을 매우 싫어한다. 그래서 유튜브 숏츠나 틱톡, 인스타그램에 더 많은 관심이 있다.

이미지, 디지털 영상과 함께 살아가는 세대

캠퍼스와 교회에서 Z세대의 학생들을 만나면서 깨닫는 것이 있다. 그들은 디지털 정보 이해와 해석력(Literacy, 리터러시)에 탁월하고, 인스타그램, 틱톡을 선호한다. 그들은 텍스트보다는 이미지와 영상에 훨씬 익숙하고 편리하게 사용하는 것을 발견하였다. Z세대는 새로운 무언가를 배우고 시작할 때, 서점으로 달려가지 않는다. 유튜브 영상만 몇 개 봐도 전문가처럼 순간적으로 무언가 할 수 있는 능력을 가지고 있다. 유튜브로 배우는 것을 책보다 훨씬 선호한다. 글을 읽는 것보다 영상을 보는 것이 편하기 때문이다. 그래서 구글을 보는 것보다 유튜브로 검색한다. 만약 섬네일로 이해가 안되더라도 글을 읽기보다는 영상을 보고 듣는 게 Z세대에게는 더 익숙하다. Z세대는 이미지와 영상과 함께 살아가는 세대이다.

김상하는 "과거에 특정 장소를 다녀오면 감상평을 글로 작성했다. 이제는 인스타그램 스토리에 다녀온 장소의 로그를 찍어서 올리거나 자신이 먹은 음식이나 인상 깊었던 작품을 사진으로 찍어서 올린다. Z세대가 자주 스토리를 업로드하는 이유이다. SNS의 블로그에 글을 쓰는 것보다 사진 위주로 올리고, 사진에 대한 설명을 한다. 사진을 빼고 Z세대를 설명 할 수 없다. 이들에게 가장 큰 트렌드 중 하나는 사진이다. 인생네컷, 무인사진관, 셀프 사진관, 사진전문 스튜디오등 장소마다 인생 네컷 사진관이 있다.[4] Z세대는 사진을 통해서 자신의 정체성을 드러내기도 하고, 자신의 스토리를 사진으로 담아내어 타인들에게 자신을 드러낸다.

Z세대를 밈(meme)세대라고 부른다. Z세대는 끊임없이 밈으로 대화한다. 하지만 그 밈은 계속해서 바뀐다.[5] "밈(meme)이란 인터넷에서 이미지, 동영상, 해시태그(#), 유행어들의 형태로 급속히 확산해 사회 문화 일부로 자리 잡은 소셜 아이디어, 트렌드등을 일컫는다."[6]

"그들은 밈에 열광하는 세대이다. 디지털 환경에서 익숙한 Z세대들은 일상적인 대화 속에 무의식적으로 밈을 사용한다. ...Z세대의 중심의 트렌드를 이해하기 위해서는 밈 트렌드를 아는 것이 필수가 됐다. Z세대는 '밈세대'이다.[7]

Z세대인 밈세대의 특징을 두 가지로 설명해 보자. 첫째 특징은 'Modeling Elders' 로서 신앙 형성에 있어서는 기성 세대를 모델링하는 특징을 강하게 보인다. 또 다른 특징은 'Making Environment,'로서 문화 형성에 있어서 온라인과 오프라인의 양손잡이처럼 활용한다. "밈세대인 Z세대는 밈처럼 복제를 당하고 복제를 하는 방식을 통해 자신들의 트렌드를 형성해 가고 있다."[8] 모델링, 온라인과 오프라인의 자유로운 활동과 융합을 추구하고, 복제를 편리하게 이용하며 자신들의 스타일을 만들어 나간다.

Z세대는 스마트폰과 함께 살아왔고, 스마트폰이 없이 살아본 적이 없는 세대이다. 이들의 라이프 스타일을 이해하기 위해서는, 디지털과 삶의 중심이며, 수평적인 인간관계를 원하며, 익명성, 개방성, 연결성, 다양성, 초월성과 같은 특징을 지닌다.[9]

Z세대는 온라인에서 시작된 유행이 각종 커뮤니티나 SNS를 통해 재 창조된 패러디물을 생산하는 것을 좋아한다. 또한 Z세대에게 이모

티콘이 없으면 대화가 불가능하다. 그만큼 이모티콘은 중요하게 여기며 활용한다. 그러므로 Z세대를 잡기 위해서는 이미지를 활용한 마케팅해야 한다.[10] 이러한 포스트모던 문화에 익숙한 Z세대는 이미지와 영상을 통한 관계 형성이 매우 중요하다. 그리고 우리는 Z세대의 취향을 이해해야 한다. Z세대는 그들의 각자의 취향대로 문화를 즐기기에 Z세대의 문화적 형성을 발견해야 한다.

갓생 인간

코로나 팬데믹을 걸치면서 Z세대는 일상적인 생활에 변화를 가져왔다. "Z세대를 중심으로 소소하지만, 좋은 습관을 만들어가며, 일상을 탄탄하게 다지는 갓생문화가 생겨 난 것이다. 이런 모습은 '일상력 챌린저'에서 확인 할 수 있다. Z세대는 사회의 기준이나 다른 사람의 시선이 아닌 온전히 자신의 기준과 속도에 맞게 목표를 세우고 하루하루를 살아간다."[11]

대표적인 사례가 운동이다. 과거 운동의 목적은 '이상적인 몸매' 초점을 두었다. 하지만 지금은 몸과 마음의 건강에 초점을 두고 있다. Z세대는 키토음식을 먹고 운동을 루틴으로 만들어가며, 즐기고 오늘 하루 목표한 운동을 끝냈다는 소소한 성취감을 챙긴다. 결과보다는 차근차근 쌓아가는 과정에 집중하는 것을 볼 수 있다.

Z세대는 삶의 패턴에서 갓생 습관은 계속될 것이다. 결과보다는 과정을 중시하는 삶의 태도나 다면적이고 가변적인 과정형의 나를 만들고자 하는 지향을 이해하는 것은 Z세대를 이해하는 기초이다.[12]

《트렌드코리아 2024》에서, "요즘 사람들, 특히 젊은이들은 완벽을 추구한다. 외모, 학력, 자산, 직업, 집안, 성격, 특기 등(여섯가지가 넘을 수 있다) 모든 측변에서 약점이 없는 사람들을 선망한다."[13] 이런 인간을 육각형 인간이라고 말한다.

Z세대의 트렌드는 "나 오늘부터 갓생god 살거야" 하는 하나의 놀이에 불과 할 수 도 있다. 한국사회가 가지고 있는 계층 고착화라는 사회적인 문제를 보여주는 빙산의 일각일 수도 있다. 하지만 육각형 트렌드는 완벽을 지향하는 사회적 압박을 견뎌야 하는 젊은이들의 활력이지 절망이면서 하나의 놀이다.[14] 이러한 육각형 신드롬은 소셜미디어의 영향으로 확산되었다. 갓생인간으로 라이프 스타일을 뽐내는 전 세계의 또래들과 자신들과의 비교하면서 나도 그들처럼 완벽한 모습을 갖춰야 한다는 생각을 담고 있다. Z세대는 외모, 패션, 특기, 부모 등 비교하는 기준이 많아지면서 그 경쟁이 훨씬 더 복잡하고 치열해졌다. 이러한 현상은 Z세대를 갓생 인간으로 만들어 가는 과정이라고 할 수 있다.

소비세대

Z세대는 소비시대를 살아간다. 유행에 민감한 Z세대는 소비를 통하여 자기의 존재감과 자기과시를 드러내기도 한다. Z세대의 가장 큰 특징은 콘텐츠 소비 전반에서 공감과 소통의 욕구가 크다는 점이다. 자신이 좋아하는 콘텐츠를 남들과 공유하고, 소통하는 것을 즐긴다.

정석환은 "한번은 쉽지만 두 번이 어렵다.""앞으로의 과제는 지속성이다. 경험 위주의 대표주자인 팝업스토어만 봐도 연관 브랜드가 해마다 바뀐다. 한번은 쉽지만 두 번은 어렵다. 2020년에는 리빙 브랜드, 2021년 명품 브랜드, 2022년은 식음 브랜드, 2023년에는 콘텐츠 팝업스토어가 두각을 나타냈다. 성수동, 더 현대 서울과 같은 판이 만들어지고, 많은 브랜드가 동참함으로써 팝업 스토어라는 트렌드가 만들어 졌다. 하지만 소셜 빅데이터 언급량 기준으로 상위 15위 안에 3년이상 머무른 브랜드는 명품을 제외하고는 시몬스, 젠틀몬스터, 애플, 디지니, 템버린즈, 부신사 단 6개 뿐이다."[15]

제프 프롬& 앤지 리드,《최강 소비권력, Z세대가 온다》에서 "밀레니엄세대에 대해 파악했다고 생각한 순간 Z세대라 불리는 새로운 젊은 소비자들이 등장했다. 이 시대를 살고 있는 마케터들을 미지의 세계로 밀어 넣었다고 생각한다. Z세대는 2020년 이후에 불안정한 경제와 사회변화에 인해 새로운 소비 환경에 적응해 나가고 있다."[16] 코로나 팬데믹 이후에 Z세대는 새로운 소비 트렌드를 형성하고 있다. 하나의 브랜드나 트렌드에 의존하지 않고 빠르게 변화하고, 그들의 기호에 따라 유행이 바뀌고 있다. 자기자신을 과시하는 경향 때문에 Z세대는 그들이 원하는 것은 반드시 소비하는 욕구가 강하다는 것을 볼 수 있다.

나만의 루틴

Z세대는 자기만의 루틴을 가지고 살아가고 있다. 하루를 살아감에 작고 소소한 일상에서 기쁨을 얻는다. 거기에서 성취감을 갖고 꿈을 꾸고 살아간다. 아침 눈 앱을 실행하면서, '오늘부터 꼭 부지런하고 모범적인 생활을 하며 살자' 같은 결심을 심심치 않게 접할 수 있다. 아

침 6시 미라클 모닝이나 '오운완'(오늘 운동 완료)이라는 해시태그와 함께 아침 운동을 인증하는 인스타 스토리도 쉽게 찾아 볼 수 있다.[17]

Z세대는 취향과 호감, 그리고 관심사를 통하여 관계를 맺는다. 커뮤니티 안에서 자기들과 관심이 있는 모르는 익명의 사람들이라도 연대와 동질감을 갖고 함께 움직인다. 이것은 그들이 자기들의 선호들과 기호에 맞는 사람들과 어울린다는 것을 알 수 있다.

Z세대는 그래서 '마이싸이더(my sider)'를 추구한다. 인싸도 아니고 아싸도 아닌 마이싸이더이다. 자신을 기준으로 삶의 중심으로 지향점과 방향을 정한다. 자신의 가능성을 긍정하는 Z세대는 자신만의 소소한 재능을 살리는 데 적극적이다. 그리고 관계에서 '느슷한 연대'를 추구한다. 취향과 관심사를 토대로 관계를 맺는다. 운동, 독서 뿐만 아니라 '아이스아메리카노' '민트초코'. SNS에서 관련 콘텐츠나 밈을 함께 즐기고 소통한다. 유행하는 챌린지에 동참하여 여기에서 익명이라고 할지라도 동질감과 소속감을 느낀다.[18]

Z세대의 루틴 중 하나는 직장생활에서 뚜렷하게 나타나고 있다. 칼퇴근과 워라밸(work-life balance)은 성장을 위해 일하는 Z세대는 자신의 시간과 생활을 소중히 하는 방식이 표현된 키워드이다. 자신의 삶을 사랑하는 합리적인 방식이다.[19]

이러한 인식변화에 일하는 방식의 변화를 더욱 앞당긴 것은 코로나19 팬데믹이다. 코로나 19로 우리는 더욱 강력하게 '개인'를 돌보게 되었다. 나를 둘러싼 시공간 개념을 더 강하게 인지하기 시작하였다. 코로나 19로 이동이 제약되면서 출퇴근 시간, 회사에서 지내는 시간, 퇴근 후 저녁에 쓰는 개인시간으로 분절돼 있던 시간이 갑자기 전체 통으로 주어졌다. 집에 있는 시간이 많아 늘어났다. 모닝 루틴, 점심 루틴, 저녁루틴의 나만의 루틴을 만들어 자신을 관리한다.

《우리는 출근하지 않는다》 저자 앤 헬렌 피더슨은, 직장에서 일하는 방식은 조직에서 개인으로 무게 중심이 이동하는 방향으로 꾸준히 변화해 왔다. 앞으로도 개개인이 일을 더 잘할 수 있도록 각자의 다양한 배경과 '사정'을 더 많이 포용하는 방향으로 변화될 것이다.[20]

Z세대가 추구하는 일의 방식은 워케이션이다. 말 그대로 일(work)과 휴가(vacation)를 함께 한다는 뜻이다. 워케이션은 재택근무와 유연근무에서 한발 더 나아가 '원격근무'가 가능하다. 지금 미국과 같은 서구에서는 보편화 되어 가고 있다. 워케이션은 여행지나 휴양지에서 일할 수 있다는 것이다. 워케이션의 추구하는 필요는 '갓생'의 필요와 같다. 자기 삶에 몰두하는 삶, 내가 주인공인 삶, 그것이 Z세대가 원하는 라이프 스타일이다.

자기다움

Z세대는 오늘 날 개인의 관심사나 취향으로 자기를 브랜드화하며 나타나는 것을 좋아한다. 개인의 취향이나 관심사를 가지고 flex 문화(자기 다움, 자기 과시)를 통해서 자기의 정체성를 발견하기도 한다. 그리고 타인들이 자기를 어떻게 생각하는지 주목한다. 무엇보다 Z세대는 매우 솔직하다. 개인적인 경향이 매우 강하고, 자기만의 독창성을 추구하면서, 감성과 경험을 중시하는 문화를 가지고 있다. 다른 사

람들이 자기를 어떻게 생각하고 이해하는 지도 세심하게 살피는것이 Z세대의 특성이다. 이모티콘, 해시태그, SNS 사진, 숏폼에서도 자기의 개성을 드러내며, 자기의 기호를 넘어 자기를 드러내고, 자기다움, 자기를 브랜드화하고 Flex 문화를 좋아한다.

정연승외 공저.《Z세대, 우리에게 도착한다》에서 자기다움을 추구해 온 Z세대는 타인과 지속적인 관계를 유지하고, 원활히 연결되기 위해서 필요하다고 생각한다. 재미와 의미가 따라오는 만족스러운 삶을 영위하기 위해서도 필요하다. 그들은 '나다움'은 어떤 선택에 있어서 타인의 의견으로부터 흔들리지 않게 해 주는 확실한 기준이라고 생각한다.[21)]

"나다움"은 정말 중요한 것 같아, 자신의 신념, 기준, 가치판단이 있는 삶은 건강한 삶 같아. 누군가의 의견에 계속해서 휩쓸리는 삶은 아주 불안정하거든."

"늘 눈치보고 사느라 스트레스를 많이 받아서 자기 주관을 갖고 싶어."

"일을 시작하면서는 일에 매몰되어서 나를 잃을 수 있겠다는 생각이 들어서 나다움을 지키기 위해서 애써야 겠다는 생각을 하고 있어."[22)]

자기다움이 Z세대가 일상생활에서 살아가는 삶의 방식과 태도이다. 뿐만아니라 자기다움이 자기의 정체성을 지키기 위한 모습이며, 일하는 방식에서 안정감을 주는 것을 알 수 있다.

Part 3
2025년 Z세대의 특징과 다리놓기

Z세대는 무료함과 지루함을 용납하지 않는다. Z세대는 '인생노 잼시기' 라고 입버릇처럼 말한다. Z세대는 미래의 집이나 차를 사기 가 어려운 현실 때문에 절약보다 해외여행, 명품소비는 물론 자신의 성공이나 부를 뽐내거나 과시하는 플렉스(flex) 소비를 한다.

그래서 본인에게 더 투자하고 한 살이라도 어떻게 인생을 더 재 미있게 살 수 있을까 고민하는 것이다. 쉽게 말해서 1만원을 아낀다 고 해서 인생에 큰 변화가 없는 세대이다. Z세대가 살고 있는 세상 은 그 만큼 불안정하고 안정을 찾아가기가 어려운 만큼, 이를 포기 하고 계속해서 중독처럼 재미만 쫓게 되는 것이다. 이들이 '노잼, 노 잼'이라며 재미만 집착한다. 그래서 자극적인 요소를 찾는다.

Part 3 2025년 Z세대의 특징과 다리놓기

Fun과 의미 찾기

Fun를 즐기는 Z세대, 그들은 지루하고 재미없는 것을 견디지 못한다. 취미 활동에 있어서도 Fun를 추구하고, 흥미가 있어야 한다.

Z세대는 무료함과 지루함을 용납하지 않는다. Z세대는 '인생노잼시기' 라고 입버릇처럼 말한다. Z세대는 미래의 집이나 차를 사기가 어려운 현실 때문에 절약보다는 플렉스를 한다. 그래서 본인에게 더 투자하고 한 살이라도 어떻게 인생을 더 재미있게 살 수 있을까 고민하는 것이다. 쉽게 말해서 1만원을 아낀다고 해서 인생에 큰 변화가 없는 세대이다. Z세대가 살고 있는 세상은 그 만큼 불안정하고 안정을 찾아가기가 어려운 만큼, 이를 포기하고 계속해서 중독처럼 재미만 쫓게 되는 것이다. 이들이 '노잼, 노잼'이라며 재미만 집착한다. 그래서 자극적인 요소를 찾는다.[1]

정연승외, 《Z세대, 우리에게 도착하다》에 따르면, Z세대는 재미있어야 무언가를 시작할 마음이 생기고, 재미가 있어야 꾸준히 할 수 있다고 한다. 다른 말로 표현하며, 재미가 없는 일은 시작도 하기 싫고, 오래동안 할 수도 없다는 뜻이다.[2]

"내가 인생에서 택한 길은 어느 정도 재미가 있는가? 생각해보고 결정하는 편이야."

"그 일에 흥미가 없다면, 그 결과를 받아들이는 사람도 내가 한 작업을 재미없다고 생각할거고, 그렇다면 그건 안 하느니만 못할 것 같아."

"내가 바라던 분야와 내 성향에 맞는 직업을 만나게 되니, 재미와 흥미는 하루하루 회사에 간다는 생각에 즐겁다고."

포스트모던 문화 가운데 사는 Z세대는 매우 감각적이고, 즉흥적인 요소가 강하다. 일상생활에서 fun를 추구한다. 그리고 감성적, 감각적, 흥미위주의 재미를 추구하면서, Z세대는 관계와 의미를 생각한다.

예를 보면, 당근마켓을 하는 Z세대에게는 돈보다 더 큰 목적이 있다. 당근마켓이 유행하게 된 데는 그 중 하나가 '바퀴벨레 잡아 주기, 강아지 산책 대신시켜 주기, 밥 친구 해주기' 등이 있다. 자신이 해결하지 못하는 소소한 일들을 해결해 주는 주변의 친구를 만날 수 있다. 심지어 당근마켓의 내 계정의 온도를 올리기 위해서 물건을 무료로 나누는 사람들도 있다.[3] 그들은 SNS를 통해서 재미와 낭만, 그리고 관계와 의미를 맺어 간다.

Z세대는 인생은 한 번 뿐임으로 지금 이 순간을 즐기는 욜로(현재의 행복을 중요하게 여기며, 생활하는 사람: You Only Live Once, YOLO)에 호의적이다. 자신이 번 돈을 온전히 자신에게 투자할 수 있는 시기에 있는 그들은 자기 계발과 경험 소비에 어느 세대보다 관심이 많다.[4] Z세대는 취미 활동을 통해서 Fun을 경험하고 즐기지만, 더 성장하기 위해서 의미 있는 자기 계발과 시간을 갖고 사용한다.

Z세대가 의미하는 Fun은 자신이 억지로 하지 않아도 자발적으로 할 있는 것, 스스로 즐겁게 움직이는 에너지와 동기이다. Fun를 따라가도 '나는 잘살고 있어, 괜찮아'라는 안정을 주는 의미라고 생각한다.

자 이제 Z세대를 위한 다리 놓기는 교회공동체가 Fun을 만들어 그들을 초대하라. 그리고 Fun 시간이 재미있고, 즐기는 것으로 끝나는 것이 아니라 그들의 자기계발과 진로탐색을 통한 배움, 타인과의 관계 같은 의미 있는 시간을 만들어 주어라.

MBTI를 넘어 샤머니즘 신비주의(Mysticism)를 추구

Z세대는 자신과 타인을 이해하고 표현하는 MBTI 활용을 선호한다. 그들은 MBTI를 통하여 자신의 기질과 성향을 발견하고, 관계하고 소통한다. MBTI가 단순히 성격이나 성향을 서로 알아보는 것을 넘어서 관계의 중심에 있다.

Z세대는 자신을 MBTI로 표현하고, 타인을 해석하기도 한다. 자신의 여러 모습을 바탕으로 부캐를 만들고 소통한다. 내가 가진 다양

한 면모를 관리하는 Z세대는 자신에게 수많은 가능성이 있다는 것을 안다.[5]

하지만 최근에는 MBTI와 함께 사주를 보고, 점과 서구의 오컬트적인 상징 및 점술을 위한 도구로 널리 쓰이는 카드 점인 타로를 이용해서 미래를 예측한다. 그들은 78장의 카드를 사용한 타로에서 미래의 답을 찾으려고 한다. 심지어 무당을 찾아가 미래의 운명을 맡기는 모습을 볼 수 있다.

요즘 Z세대의 핫플레이스라고 불리는 곳이 "연트럴파크"이다. '경의선 숲길' 있는 연남동은 Z세대에게 새로운 핫플레이스이다. 이곳에 타로와 사주를 보는 집들이 즐비하다. Z세대는 타로와 사주로 미래의 불안과 걱정을 해결하려는 모습을 볼 수 있다. 신비적인 샤머니즘적인 현상에 매료되는 이유이다.

연남동과 홍대입구역 주변의 사주, 타로가게

연남동 경의선 숲길 주변에 있는 한 사주타로 가게

국민일보는 "젊은 세대가 샤머니즘에 빠져 점과 무당에 관심을 갖는 한 단면을 보여주고 있다"고 설명한다.

2024년 6월 18일 첫 방송 된 이 프로그램은 SBS 신규 예능 '신들린 연애'에서 보면, 첫 장면부터 프로그램의 성격이 뚜렷이 드러난다. 동굴처럼 으스스한 공간엔 출연진의 생년월일이 적힌 나뭇조각 '운명패'가 걸려 있고 차례로 등장한 출연자들은 운명패를 보며 자신의 짝이 누구일지 가늠한다. 오방기를 꺼내 들거나 무령(巫鈴 무당이 점칠 때 사용하는 방울)을 흔드는 이도 있다. 시선을 사로잡는 오프닝 장면이 끝나자 화면은 스튜디오로 전환되고, 진행자인 방송인 신동엽은 이렇게 말한다. "(우리 프로그램은) 대한민국의 용하다는 점술인들이 모여서 자신의 연애운을 점치며 운명의 상대를 찾는 프로그램입니다."[6]

무당이 등장하는 방송프로그램이 자신의 연애를 위해 점성술을 시행하고 있다.

"기독교사회문제연구원이 19~34세 개신교인 1000명을 대상으로 설문조사를 진행해 2023년 12월 발표한 자료에서도 '다른 종교 경험'을 묻는 말에 '점 사주 타로' 라고 답한 응답자는 절반에 육박하는 45.4%나 됐다. 1위인 요가 명상(45.7%)과 별 차이가 없다."

이것은 Z세대 젊은이들이 진로 문제, 취업의 불안정, 경제적 어려움 등으로 샤머니즘적인 신비주의를 추구하고 있다. 샤머니즘적인 신비주의적 트렌드가 방송과 SNS에서 확산되어 2025년에 이러한 현상이 더 두드러지게 나타날 것이라고 생각한다.

레너드 스윗은《영성과 감성을 하나로 묶는 미래교회》에서 "지금 시대는 감성과 영성의 시대"[7]라고 말한다. 레너드 스윗의 말이 맞다. 포스트모던의 나타나는 현상 중 하나는 심미적이다. 더욱이 신비적인 것을 추구한다는 것이다.

조사에 따르면, "영성에 대한 관심은 Z세대 사이에서 실제로 증가하고 있다. 2023년 스프링타이드 연구소(Springtide Institute)의 조사에 따르면, Z세대 성인 3명 중 1명이 신적 존재를 믿는다고 응답했고, 이는 2년 전의 4명 중 1명보다 증가한 수치다."[8] Z세대는 현실의 절망감 때문에 영적 해답을 찾는 데 그들은 더 열려 있는 것을 볼 수 있다.

김선일 교수는 〈국민일보〉 2024년 8월 31자 기사 내용에서,

"젊은 세대 사이에 영적인 깊이를 추구하는 현상이 강해지고 있다는 것이 하나의 흐름을 형성하고 있다"면서 "서구의 경우 영적 공　허함을 달래기 위해 다시 기독교적 영성에 관한 관심이 높아지고 있다"고 분석했다. 김 교수는 "이런 현상은 극우화된 복음주의로 왜곡될 위험도 있다"면서 "그러나 정치 이념화 된 교회는 철저히 외면 받을 것이다. 기독교는 영혼 구원과 삶의 변화를 추구해야 한다"고 강조했다.

신비한 샤머니즘을 추구하는 Z세대를 향한 다리놓기는 그들에게 건강한 기독교적 영성으로 커넥트하는 브릿지를 만들어 주는 것이다. 꼭 장소가 교회 일 필요가 없다. 캠퍼스든 카페이든, 그들과 함께할 수 있는 곳에서 '만남과 관계' 를 형성하고, 기독교적인 세계관을 담긴 여러 테마를 가지고, 접촉점을 만들고 관계를 형성할 수 있다. 그 기초와 근거는 '사랑과 환대'이다. Z세대의 미래의 불안에 대하여 응답하고, 진로와 취업의 고민에 대한 필요를 향하여 기독교적인 세계관을 제시하며, 함께 찾고, 연결하는 작업이 요구된다.

불안(Anxiety)과 걱정이 많은 세대

Z세대는 결정되지 않은 불확신한 미래 때문에 불안하고 걱정이 많다. Z세대에게 '입시' '청년 취업난'과 '거주지 문제' 같은 사회적인 상황도 한층 걱정을 더 하게 한다. 그렉 스티어(Greg Stier)는 "나쁜 소식은 Z세대가 슬픔, 외로움, 불안에 눌려 쓰러져 있다는 것이다."[9]

기독경영연구원의 'Z세대 탐구보고서'[10] 따르면,

"나이가 어리지 않은 편이라서, 그럴 필요가 없다는 걸 알면서도 괜히 주변 사람들과 비교하게 되네. 공부도 일을 병행하면서 오랜기간 동안 걸쳐서 해 온지라 많이 지쳐 있어."

"어떤 일을 하고 먹고 살면 좋을지 고민하는 단계에 있어서, 그 미래를 어떻게 개척해 나아가야 할지가 걱정 돼."

"남들과 비교해서 나는 내보일 성과도 뭐 없고 그렇다고 뭔가를 추진해서 하고 싶지도 않아, 그래서 겁나고 걱정되지만, 무기력한 스스로가 답답하고 그저 막막해,"

"지난 직장이 힘들어서 다시 일을 하려니 걱정되는 게 많고 겁도 나고 불안한 거 같아"

Z세대 아들(25세, Eliot)과 대화 중, 현재 자기의 어려운 마음의 상태를 필자에게 표현했다.

"하고 싶은 이상과 꿈은 큰데 현실이 어렵고 잘 이루어지지 않아서 갭(gap)이 크다. 그 갭(gap) 때문에 답답하고 힘이 들어서 때로는 무기력한 자신을 발견해."

아들과 대화를 하면서, 항상 함께 지내며 별문제가 없고 자기의 앞길을 헤쳐나가는 아들이라고 생각했는데, 마음 깊은 곳에 미래의 불안과 걱정이 많이 있는 것을 발견하고, 마음이 무거웠다.

〈2025년 Z세대 종교인식도 조사〉[11]에서도 Z세대의 가장 큰 고민은 무엇인가?

'취업이나 이직문제가 26.3%; 진로와 진학문제 24.6%, 경제적 문제 24.6%'로 매우 높게 결과가 나왔다. 반면에 인간관계의 문제 6.6%, 이성문제 5.5% 결과로 낮은 결과가 나타났다.

Z세대에게 인간관계나 이성 문제는 그들의 고민과 관심사에서 1순위가 아니다. 그들은 미래의 불안으로 취업, 진로 문제가 중요한 이슈이며, 최고의 고민이며 관심사이다.

Z세대 "그들은 정신적, 정서적인 문제와 건강 때문에 어려움을 겪고 있다. 또한 그들은 자기 삶의 문제와 정체성에 대한 이슈 때문에 고통을 겪고 있다. 10대 Z세대들은 정확하지 않은 "현실"의 그림의 미래가 불안하다."[12]

《한국교회 트렌드 2023》는 "늘 불안해하는 Z세대는 한번도 안정을 누려본적이 없다. 그래서 그들은 늘 '불안한 청춘'이라고 부른다.

그런데 그들은 직장을 너무 쉽게 떠난다."[13] 불안한 세대, 불확실한 미래를 향한 그들의 걱정이 2025년에도 더욱 커 질 것이라고 생각한다.

미래의 불안정으로 불안하고 걱정 많은 Z세대와 어떻게 다리를 놓아야 하나? 우선 Z세대의 아픔에 공감하자. 미래의 불안과 걱정을 인정하자. 그 다음에는 그들에게 필요한 상담사역이 중요하다. 또한 멘토링을 할 수 있는 자원을 개발하여 Z세대와 연결하자. 취업을 할 수 있는 취업 연계 프로그램을 개설해 보자.

변화하는 직업관과 돈(Money)을 추구

Z세대의 가장 큰 관심과 흥미는 무엇인가? 〈2025년 Z세대 종교인식도 조사〉에 528명의 Z세대 응답에서

"돈을 버는 것(34%); 건강(11.9%); 친구(9.3%); 유튜브, 틱톡(8.5%); 게임(8.3%); 영화나 드라마(7.2%) 등으로 조사되었다.

Z세대는 물질주의적 문화의 배경과 미래의 불안, 취업의 어려움으로 가장 큰 관심이 '돈을 버는 것'이 그들의 최고의 관심사와 흥미일수밖에 없다. 이는 시대의 분위기와 흐름을 따르는 당연한 결과일 것이다.

Z세대의 직업관을 살펴보자.

"Z세대의 직업관은 단순히 N잡러나 제너럴리스트(generalist)로

설명하는 것은 적합지 않다. Z세대에게는 한 사람의 직업이 와인모임을 운영하여 와인에 대한 책을 쓴 와인 덕후인 동시에 취미를 소재로 책을 출판하는 노하우를 전수하는 유튜브자 네이버 스마트 스토어로 마카롱을 파는 마카롱 가게 사장일 수도 있다. "융덕" 이란 유튜버가 좋은 예다. 융덕은 Z세대가 애용하는 쇼핑몰인 에이블리에 입점한 '오리상점'의 운영자다. 동시에 융덕이라는 계정을 운영하는 일상 브이로그 유튜브이자 '마라덕'이라는 별도의 계정을 함께 운영하는 마라탕 먹방 유튜브이다. 마라탕을 너무 좋아한 나머지 최근 '홍주방'이라는 마라탕 프랜차이즈 가게를 열었다."[14]

Z세대는 좋아하는 분야를 열심히 파고들고, 그들의 재능을 이용해 여러 가지 프로젝트에 도전한다. 그리고 경험을 넓히는 것이 성장의 의미이며 추구하는 길이다.

Z세대의 직업관에서 일부터 취미에 이르기까지 다양한 경험을 계속한다. 그리고 이직, 전직, 창직을 하며, 커리어를 쌓아가는 모습이 두드러 진다. 또 이런 커리어 개발 과정을 돕는 직업도 등장했다. 주목할 점은 Z세대가 생각하는 자기개발 인플루언서는 처세술, 인간관계, 성공학등 보통 자기계발하면 떠오르는 주제를 직접적으로 다루는 사람이 아니다. 그들은 일상, 지식, 재테크, 운동 등 분야에서 활동하는 인플루언서를 자기개발 인플루언서로 여기는 경우가 많다. Z세대는 본인과 비슷한 고민을 하는 크리에이터가 살아가는 모습을 보면서 동기부여를 받는다. 대표적인 예가 '딤디' '새니' 김짠부[15]이다.

"딤디는 마인드와 패션까지 너무 닮고 싶은 유튜브예요. 뭐든 뚝딱해내는 게 대단하고도 말도 재미있게 해서 딤민수(딤디+손민수)하고 싶어요....특히 목표가 생기면 이뤄내려고 꾸준히 노력하는 모습이 멋있어 보였어요....제트워크 시즌 5 참여자 방국봉"

또 다른 Z세대의 특징은 자기가 선호하는 직장에 이직을 하는 것이 트렌드이다. 대학 내일 20대 연구소가 전국 4년제 대학교의 3학년 이상 미취업자 중 취업 준비 경험이 있는 1120명을 대상으로 조사한 결과, 첫 직장에서 3~5년간 근무할 것이라고 생각하는 사람은 34.8%로 가장 많았다. 1~3년이라고 답을 한 비율은 23%였다. 두 항목을 합치면 첫 직장의 예상 근속 연수는 5년 미만으로 답한 응답자가 절반 이상이었다. '경력을 쌓은 후 다른 회사에 중고 신입으로 입사할 의향이 있느냐'에 75.2%가 긍정적으로 답을 했다. 경력직으로 이직할 의향이 있느냐에 73.4%가 긍정적이라고 답했다. 이처럼 Z세대 직장인은 자신을 이준생(이직 준비생)일 정의하며 근속 연수와 상관없이 이직에 우호적이다."[16]

Z세대는 '돈을 버는 것' 경제적인 문제가 매우 중요한 것을 알 수 있다. 경제적인 안정이 없을 때 생존에 대한 압박과 심리적 불안이 느껴지기에 안정감을 누리기 위해 필요한 가치이다. 경제적인 안정이 있을 때, 타인을 대하는 나의 태도도 영향을 받으며, 금전적인 여유로 새로운 일을 시작할 수 있다.[17]

"돈에 쪼들리면서 살다 보면, 경제적인 안정을 추구할 수 밖에 없더라."

"돈 때문에 더 이상 불안한 감정을 느끼고 싶지 않아."

"경제적 안정이 없으면 새로운 일을 시작하기 어렵더라."

"금전적으로 좀 풍족해야 행동이나 마음가짐 등이 평안하고 남을 더 잘 대해줄 수 있다고 생각해"

변화하는 Z세대의 직업의 트렌드는 유목민(Nomade)과 같이 자기의 배움과 성장, 그리고 재미와 의미를 찾아 이직하고 움직인다. 교회공동체는 그들을 향한 '다리놓기'는 연합으로 취업박람회를 개최해 보자. 일과 영성의 연계를 위한 프로그램이나 세미나를 열고 돈이 최고의 목적과 가치에 있는 Z세대에게 돈보다 더 귀한 가치가 있음을 소개하고, 돈보다 중요한 신앙의 가치와 예수 그리스도안에서 행복 찾기를 위한 세계관 훈련을 시행해 보면 어떨까?

공공성(Publicity)을 추구하는 세대

Z세대는 공정함과 공공성을 매우 주요하게 생각한다. Z세대의 실망감은 공공성을 잃어버린 정치, 사회현상에 싫증을 느낀다. 심지어 교회에서 공정성 상실로 실망하고 있다.

Z세대는 ESG의 뜻은 잘 몰라도 그것이 중요한 키워드라는 사실을 모르는 Z세대는 없다. 못생긴 과일을 사는 것도, 환경을 생각해 빨대 없이 커피를 마시는 것도 ESG라고 한다. 그러니 기업이든 공공기관이든 미래 고객인 Z세대가 좋아하는 ESG를 챙기지 않을 수 없다. 이제 환경보호는 당연한 일이 되었다. Z세대는 개인만의 신념이나 가치가 누구보다 중요한 사람들이다."[18] 환경을 생각하며, 거기에 하나의 가

치를 부여하며 지켜 나가는 Z세대를 발견한다.

이제 Z세대는 'ESG'를 넘어 'DEI'를 논하는 시대를 살아가고 있다. DEI는 'Diversity, Equity, Inclusion'의 약자로 보통 '다양성, 형평성, 포용성'으로 번역된다. ESG(Enviornment, Social and Governance)가 국내에선 친환경의 맥락이 강조된 키워드로 익숙하다면, DEI는 ESG에서 S에 해당하는 사회적 측면을 주목한다. '장애인을 채용했는지, 종교 성별 학력을 차별했는지, 공정한 방식으로 공유했는지, 공평한 방식으로 보상했는지'등을 측정한다.[19]

특별히 DEI는 개개인의 삶과 가치를 중요시하고, 일터를 다양한 경험을 통해 성장하는 곳으로 생각하는 Z세대에게는 더욱 중요한 문화요소이다. 이것이 거버넌스 측면에서도 중요한 키워드이다.[20]

"공정성 이슈는 한국사회에서 반복적으로 나타나는 데, 데이터로 보면 계속 피크가 높아지는 패턴을 보인다. 공정성은 집계결과나 순위를 발표할 때, 특히 많이 언급된다. 매번 소셜상에서 많은 토론이 이루어 진다. 도화선이 된 사건은 늘 다르지만, 사람들이 남기는 언어에는 공통점이 있다. '공정성'의 연관어엔 늘 '평가, 기준, 근거'등의 키워드"[21]가 있다.

○○○ 방송국 놈들아. 이딴식으로 순위발표 해놓고 공정성 타령할 거면 전문가 평가단 이름 석 자 다까고

"전문가 평가는 ㄹㅇ화나는 데 ㅋㅋㅋㅋ 당장 누군지+기준먼지 공개하시죠? 전문가 자격이 있는지 누가 판단? 공정성 논란 날 만한데

이거"

교회는 공정성을 추구하는 Z세대의 거센 도전 앞에 서 있다. 비신자 Z세대는 교회의 호감도가 없는 이유를 다음과 같이 조사에 나타났다.[22]

"교회의 본질과 사명을 잃어버렸기 때문에(31.6%); 언행일치가 안되어(29.6%); 교회가 폐쇄적이기 때문에(21.7%)"

이제 교회는 Z세대들과 '다리 놓기'를 위해서 투명성과 공공성을 확보하자. 교회의 본질에 충실하며, 교회 공동체가 디아코니아의 삶을 구현하며, 수평적 리더십을 가지고 다양성, 형평성, 포용성을 가진 교회의 의사결정과 시스템을 바꾸어야 한다. 무엇보다 교회의 예산에 대한 투명성 확보가 우선 되어야 하며, 재정의 예산과 지출에서 바른 절차와 의사결정, 이후에 투명하게 공개하자.

SECURITY

PROTECTIO

We, TongRo Image S
Image slide/transpar
building outstanding
collections from over
our own collections 1
45 channel partners.

Part 4
Z세대 대상 여론조사

조사방법은 구조화된 설문지를 이용한 무선 ARS 전화조사 방식을 택하였다. 피조사자 선정방법은 무선전화 7700개 국번 0001~9999 생성 후 무작위 추출하였다. 최종응답자는 528명이었으며, 표본오차는 95% 신뢰수준 ±4.3%p이며 응답률은 2.0% 이다. 조사 전과정은 여론조사공정(주)에서 수행하였다.

Part 4. 조사방법 및 응답자 특성

이번 조사 대상은 조사 시기인 2024년 기준으로 'Z세대'라 할 수 있는 전국 만17세 이상~만28세 이하 남녀 528명을 대상으로 하였다.

조사방법은 구조화된 설문지를 이용한 무선 ARS 전화조사 방식을 택하였다. 피조사자 선정방법은 무선전화 7700개 국번 0001~9999 생성 후 무작위 추출하였다. 최종응답자는 528명이었으며, 표본오차는 95% 신뢰수준 ±4.3%p이며 응답률은 2.0%이다.

최종 응답자들을 성별로 보니 남성은 379명, 여성은 149명이었다. 응답자들을 연령별로 보면, 17~19세가 95명(18%), 20~22세가 132명(25%), 23~25세가 125명(23.7%), 26~28세가 176명(33%)로 집계되었다. 조사기간은 2024년 2월 2일이다.

1. 질문 구성 및 설계

먼저 만 17~28세에 해당하는 전체에게 소속을 물었는데. 1) 고등학생, 2) 대학생, 3) 직장인, 4) 아직 직업이 없는 사람 네 개의 선택지를 제시하였다.

구분		조사완료	
		사례수(명)	비율(%)
전체		528	100.0
연령	17,18,19세	95	18.0
	20,21,22세	132	25.0
	23,24,25세	125	23.7
	26,27,28세	176	33.3
성별	남성	379	71.8
	여성	149	28.2

* 참조; 이번 조사에서 Z세대에 대한 개신교인 비율이 왜 통계청 비율과 맞지 않느냐고 의문을 제시할 수 있다. 그러나 이번 조사는 통계청의 연령대별 개신교인 인구 비율이나 남녀비율에 맞춰 쿼터 할당으로 조사를 진행하지 않고, 응답을 잘 하지 않는 Z세대의 특성을 고려해 최대한 마지막 질문까지 응답하는 완료자를 500명 이상 채우는데 최우선 목표를 두었다. 그리고 그들이 자신의 종교라고 응답한 종교대로 비교 분석한 연구임을 고려해 읽어야 할 것이다.

전체를 대상으로 한 공통 질문에서는 '현재 가장 큰 고민', '현재 가장 큰 흥미'와 '한국교회 신뢰도'에 대하여 물었다. 고민의 종류로는 1) 진로와 진학문제, 2) 취업이나 이직문제, 3) 경제적 문제, 4) 이성 문제, 5) 인간관계 문제, 6) 기타로 세분화하여 물었으며, 흥미의 종류로는 1) 게임, 2) 유튜브, 3) SNS, 4) 영화나 드라마, 5) 친구, 6) 돈을 버는 것, 7) 건강, 8) 기타로 세분화하여 물었다.

한국교회 신뢰도에 대해서는 1) 매우 신뢰하는 편이다. 2) 신뢰하는 편이다. 3) 신뢰하지 않는 편이다. 4) 전혀 신뢰하지 않는 편이다.로 나눈 4점 척도로 물었다.

다음 질문에서는 '종교'에 대하여 1) 개신교, 2) 천주교, 3) 불교 4) 기타종교, 5) 없다로 구분하여 물었다. 이하 분기 문항에서는 개신교라고 응답한 사람과 나머지 응답자들 (천주교, 불교, 기타종교, 없다)을 구분하여 질문하였다.

개신교라고 응답한 사람에게는 '교회 출석 빈도', '교회의 개선점', '온라인 교회와 메타버스교회의 필요성', '온라인 교회와 오프라인 교회의 병행'에 대하여 물었고, 나머지 응답자들(천주교, 불교, 기타종교, 없다)에게는 '교회 호감도', '기독교를 종교로 가질 의향'에 대하여 물었다. '교회 호감도' 조사에서 호감이 있다고 응답한 사람에게는 호감이 있는 이유를, 호감이 없다고 응답한 사람에게는 호감이 없는 이유에 대하여 구체적으로 물었다.

2. 조사 결과

전체적으로 Z세대가 교회에 갖는 '호감도'가 현저하게 낮다는 충격적인 결과를 얻게 되었다. 전체 응답자 528명 중 자신의 종교가 '개신교'라고 응답하지 않은 425명의 71.5%가 교회에 대하여 호감이 없다고 응답하였고, 단지 10.8%만이 호감이 있다고 응답하였다. (잘 모르겠다 17.6%)

한국교회 신뢰도를 묻는 질문에서도 역시 78.6%가 신뢰하지 않는 편이라는 응답이 78.6%인 반면, 신뢰하는 편이라는 응답은 11.1%로 나타나, 비신자 Z세대 선교 환경이 급격히 나빠져 있다는 것을 확인한 조사였다. Z세대의 관심사와 고민들을 개신교인과 기타 종교인들과 분리하여 조사한 결과 큰 차이가 없음도 알게 되어, 상응하는 선교전

략이 필요함도 확인되었다.

1) 가장 큰 고민이 뭐니?

취업과 이직(26.3%) ▶ 진로와 진학(24.6%) ▶ 경제적 문제(24.6%)
순으로 나타났다.

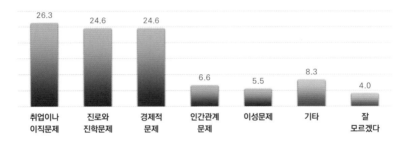

가장 큰 고민

선생님의 가장 큰 고민은 무엇인가? [n=528, 단위: %]

■ 조사기간 : 2024년 2월 2일 ■ 조사대상 : 전국 만17세~28세 남녀 ■ 응답자수 : 528명 ■ 응답률 : 2.0%
■ 표본오차 : 95%신뢰수준 ± 4.3% ■ 조사방법 : 무선전화RDD100% 자동응답전화조사

먼저 만 17~28세에 해당하는 전체 응답자 528명은 취업이나 이
직 문제와 같은 현실적인 문제를 가장 큰 고민으로 생각하고 있었
다. 그러나 사실상 상위 3가지인 취업과 이직(26.3%) 진로와 진학
(24.6%) 경제적 문제(24.6%)는 오차범위내로 어느 것이 더 큰 고민이
다고 말하기 어렵다. 또한 이 세 가지 고민은 서로 연결되어 있는 것을
알 수 있다.

그러나 같은 Z세대라 할지라도 세부 연령대별로 보면, 고민의 우선순위가 다름을 확인할 수 있다. 저연령일수록 '진로와 진학문제'가 더 크게 부각된 반면, 고연령일수록 '취업이나 이직문제'가 더 큰 고민이었다. '경제적 문제'와 관련해서는 저연령일수록 고민이 적은 반면, 고연령일수록 고민이 큰 것으로 나타났다. 이는 저연령층은 아직 부모 의존에 대한 부담감을 적게 가지는 반면, 고연령은 경제적 독립에 대한 압박감이 크게 작용한 탓으로 풀이된다.

구분		사례수 (명)	진로와 진학문제	취업이나 이직문제	경제적 문제
전체		(528)	24.6	26.3	24.6
연령	17,18,19세	(95)	36.8	13.7	18.9
	20,21,22세	(132)	31.1	19.7	21.2
	23,24,25세	(125)	24.0	26.4	23.2
	26,27,28세	(176)	13.6	38.1	31.3

개신교인 Z세대의 고민은?

"우리 고민도 똑같아요"

자신의 종교가 개신교라고 응답한 103명의 고민을 따로 분석한 결과, 진로와 진학(28.2%) 경제적 문제(28.2%) 취업과 이직(25.2%)로 전체 응답결과와 오차범위 내에서 크게 다르지 않았다.

선생님의 가장 큰 고민은 무엇인가? [개신교 n=103, 단위: %]

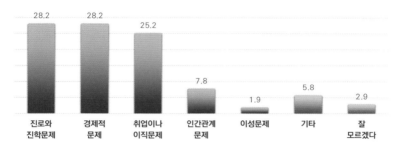

■ 조사기간 : 2024년 2월 2일 ■ 조사대상 : 전국 만17세~28세 남녀 ■ 응답자수 : 528명 ■ 응답률: 2.0%
■ 표본오차 : 95%신뢰수준 ± 4.3% ■ 조사방법 : 무선전화RDD100% 자동응답전화조사

▲ 자신을 개신교인이라고 응답한 103명의 가장 큰 고민은?

저연령일수록 '진로와 진학 문제'가 더 크게 부각되고, 고연령일수록 '취업이나 이직 문제'가 더 큰 고민인 점은, 개신교인들도 비개신교인들과 같은 양상을 보이고 있다.

구분		사례수(명)	진로진학문제	취업이직문제	경제적문제	이성문제	인간관계문제	기타	잘모르겠다
	전체(개신교)	(103)	28.2	25.2	28.2	1.9	7.8	5.8	2.9
연령	17,18,19세	(19)	36.8	10.5	26.3	0.0	10.5	15.8	0.0
	20,21,22세	(30)	46.7	23.3	20.0	0.0	6.7	0.0	3.3
	23,24,25세	(22)	27.3	18.2	27.3	4.5	4.5	9.1	9.1
	26,27,28세	(32)	6.3	40.6	37.5	3.1	9.4	3.1	0.0

비(非)개신교인 Z세대의 고민은?

자신의 종교를 개신교인이 아니라고 응답한, 불교인, 천주교인, 기타종교, 무종교인들 425명 역시 고민이 다르지 않은 것으로 나타났다.

취업과 이직(26.6%) ▶ 진로와 진학(23.8%) ▶ 경제적 문제(23.8%)
순으로 나타났다.

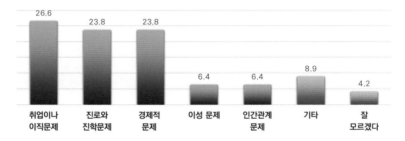

가장 큰 고민

선생님의 가장 큰 고민은 무엇인가? [개신교 이외 n=425, 단위: %]

- 취업이나 이직문제: 26.6
- 진로와 진학문제: 23.8
- 경제적 문제: 23.8
- 이성 문제: 6.4
- 인간관계 문제: 6.4
- 기타: 8.9
- 잘 모르겠다: 4.2

▣ 조사기간 : 2024년 2월 2일 ▣ 조사대상 : 전국 만17세~28세 남녀 ▣ 응답자수 : 528명 ▣ 응답률: 2.0%
▣ 표본오차 : 95%신뢰수준 ± 4.3% ▣ 조사방법 : 무선전화RDD100% 자동응답전화조사

▲ 개신교인이 아닌 응답한 425명의 가장 큰 고민은?

어쩌면 학생 청년의 시대에 가장 큰 관심이라고 할 수 있는 '이성 문제'나 '인간관계'가 후순위로 밀려있다. 녹록치 않은 취업환경, 경쟁 사회에서의 진로와 진학에 대한 압박감, 자본주의 사회에서의 돈이 갖는 힘이 Z세대들의 고민을 점령하고 있는 것으로 풀이 된다.

2) 가장 큰 '흥미'가 뭐니?

"돈벌고 싶어요"

전체 응답자를 대상으로 현재 가장 흥미를 가지고 있는 것 한 가지만 고른다면 무엇이냐는 질문에 33.9%가 '돈을 버는 것'이라고 응답하여 1위를 차지했다.

다음으로 건강(11.9%), 친구(9.3%), 유튜브(8.5%), 게임(8.3%) 영화나 드라마(7.2%), SNS(5.5%) 순으로 나타났다.

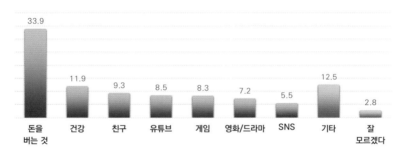

가장 큰 흥미

다음 중 선생님이 현재 가장 흥미를 가지고 있는 것 한 가지만 고른다면 무엇입니까?
[n=528, 단위: %]

33.9 돈을 버는 것
11.9 건강
9.3 친구
8.5 유튜브
8.3 게임
7.2 영화/드라마
5.5 SNS
12.5 기타
2.8 잘 모르겠다

■ 조사기간 : 2024년 2월 2일 ■ 조사대상 : 전국 만17세~28세 남녀 ■ 응답자수 : 528명 ■ 응답률 : 2.0%
■ 표본오차 : 95%신뢰수준 ± 4.3% ■ 조사방법 : 무선전화RDD100% 자동응답전화조사

Z세대내 연령대별로도 다른 양상을 보이고 있다. '돈을 버는 것'이라는 응답이 전체적으로 높기는 하지만, 저연령층에서는 평균보다 낮고, 고연령층에서는 평균보다 높게 나타나고 있다.

특히 Z세대 중 가장 나이가 많은 만26~28층에서는 약45%가 '돈을 버는 것'이라고 응답하여 눈길을 끌었다.

구분		사례수 (명)	게임	유튜브	SNS	영화 드라마	친구	돈 버는것	건강	기타	잘 모르 겠다
	전체	(528)	8.3	8.5	5.5	7.2	9.3	33.9	11.9	12.5	2.8
연령	17,18,19세	(95)	9.5	9.5	8.4	4.2	10.5	27.4	12.6	13.7	4.2
	20,21,22세	(132)	8.3	9.1	6.8	3.8	12.9	31.8	11.4	12.1	3.8
	23,24,25세	(125)	12.8	7.2	5.6	11.2	8.8	25.6	13.6	11.2	4.0
	26,27,28세	(176)	4.5	8.5	2.8	8.5	6.3	44.9	10.8	13.1	0.6

개신교인 Z세대의 '흥미'는?

그렇다면 개신교라고 응답한 Z세대의 가장 큰 흥미 한가지는 무엇인가? 34%가 돈을 버는 것이라고 응답하여 전체 응답자와 차이가 없음이 확인되었다. 2위~7위도 오차 범위 내에서 우열을 가릴 수 없다.

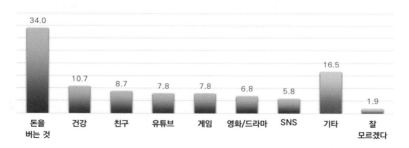

가장 큰 흥미

다음 중 선생님이 현재 가장 흥미를 가지고 있는 것 한 가지만 고른다면 무엇입니까?
[개신교 n=103, 단위: %]

돈을 버는 것	건강	친구	유튜브	게임	영화/드라마	SNS	기타	잘 모르겠다
34.0	10.7	8.7	7.8	7.8	6.8	5.8	16.5	1.9

■ 조사기간 : 2024년 2월 2일   ■ 조사대상 : 전국 만17세~28세 남녀   ■ 응답자수 : 528명   ■ 응답률: 2.0%
■ 표본오차 : 95%신뢰수준 ± 4.3%   ■ 조사방법 : 무선전화RDD100% 자동응답전화조사

▲ 자신을 개신교인이라고 응답한 103명의 가장 큰 흥미는?

비(非)개신교인 Z세대의 '흥미'는?

자신의 종교를 개신교인이 아니라고 응답한, 불교인, 천주교인, 기타종교, 무종교인들 425명 역시 현재 가장 흥미를 가지는 것이 크게 다르지 않은 것으로 나타났다.

가장 많은 33.9%가 '돈을 버는 것'이라고 응답하였고, 그 다음으로는 건강(12.9%), 친구(8.9%), 게임(8.5%), 유튜브(8.5%), 영화나 드라마(7.3%), SNS(5.4%) 순으로 나타났다.

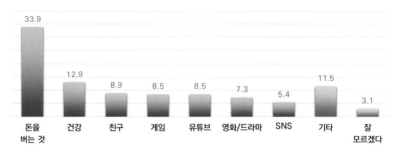

가장 큰 흥미

다음 중 선생님이 현재 가장 흥미를 가지고 있는 것 한 가지만 고른다면 무엇입니까?
[개신교 이외 n=425, 단위: %]

돈을 버는 것	건강	친구	게임	유튜브	영화/드라마	SNS	기타	잘 모르겠다
33.9	12.9	8.9	8.5	8.5	7.3	5.4	11.5	3.1

▣ 조사기간 : 2024년 2월 2일 ▣ 조사대상 : 전국 만17세~28세 남녀 ▣ 응답자수 : 528명 ▣ 응답률 : 2.0%
▣ 표본오차 : 95%신뢰수준 ± 4.3% ▣ 조사방법 : 무선전화RDD100% 자동응답전화조사

3) 한국교회를 얼마나 신뢰하니?

"신뢰 못해요"

　　다음으로 한국교회에 대하여 어느 정도 신뢰를 가지고 있는지에 대하여 물었다. 전체응답자의 70.3%가 한국교회를 '신뢰하지 않는 편'이라고 응답하였고, '신뢰하는 편'이라는 응답은 20.8%에 불과했다.

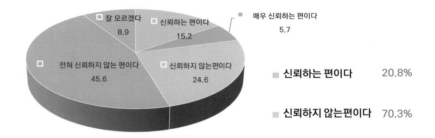

한국교회 신뢰도

선생님은 한국교회에 대하여 어느 정도 신뢰를 가지고 있습니까?
[n=528, 단위: %]

잘 모르겠다 8.9
신뢰하는 편이다 15.2
매우 신뢰하는 편이다 5.7
전혀 신뢰하지 않는 편이다 45.6
신뢰하지 않는편이다 24.6

신뢰하는 편이다 20.8%
신뢰하지 않는편이다 70.3%

■ 조사기간 : 2024년 2월 2일　■ 조사대상 : 전국 만17세~28세 남녀　■ 응답자수 : 528명　■ 응답율 : 2.0%
■ 표본오차 : 95%신뢰수준 ± 4.3%　■ 조사방법 : 무선전화RDD100% 자동응답전화조사

　　Z세대 내 연령대별로도 다른 양상을 보이고 있다. 저연령대일수록 고연령대에 비해 '신뢰한다'는 응답은 높은 편이고, '신뢰하지 않는다'는 응답은 낮은 편이다.

　　고연령으로 갈수록 전체 평균보다 '신뢰하지 않는다'는 응답이 높고, '신뢰한다'는 응답은 낮은 것으로 조사되었다.

구분		사례수 (명)	신뢰 하는 편 ①+②	신뢰 하지 않는편 ③+④	잘 모르 겠다	매우 신뢰 하는 편이다 ①	신뢰 하는 편이다 ②	신뢰 하지 않는 편이다 ③	전혀 신뢰하지 않 는 편이다 ④
	전체	(528)	20.8	70.3	8.9	5.7	15.2	24.6	45.6
연령	17,18,19세	(95)	29.5	61.1	9.5	6.3	23.2	20.0	41.1
	20,21,22세	(132)	22.0	68.2	9.8	8.3	13.6	26.5	41.7
	23,24,25세	(125)	17.6	74.4	8.0	5.6	12.0	26.4	48.0
	26,27,28세	(176)	17.6	73.9	8.5	3.4	14.2	24.4	49.4

그러나 개신교인을 제외한 425명을 별도로 분석해보면, 신뢰하지 않는다면 응답은 8.3% 더 상승하여 78.6%로 나타나고 있고, 신뢰한다는 응답은 9.7% 더 낮아진 11.1%로 나타나 충격을 주고 있다.

한국교회 신뢰도

선생님은 한국교회에 대하여 어느 정도 신뢰를 가지고 있습니까? [개신교 이외 n=425, 단위: %]

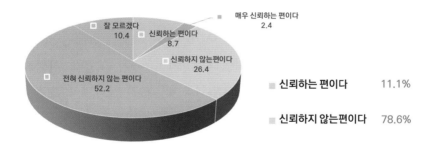

- 매우 신뢰하는 편이다 2.4
- 잘 모르겠다 10.4
- 신뢰하는 편이다 8.7
- 신뢰하지 않는편이다 26.4
- 전혀 신뢰하지 않는 편이다 52.2

■ **신뢰하는 편이다** 11.1%

■ **신뢰하지 않는편이다** 78.6%

▣ 조사기간 : 2024년 2월 2일 ▣ 조사대상 : 전국 만17세~28세 남녀 ▣ 응답자수 : 528명 ▣ 응답율:2.0%
▣ 표본오차 : 95%신뢰수준 ± 4.3% ▣ 조사방법 : 무선전화RDD100% 자동응답전화조사

물론 개신교인이라 응답한 103명을 분석하면 역전되는 결과가 나온다. 즉 신뢰한다는 응답은 61.2%, 신뢰하지 않는다는 응답은 35.9%로 나타났다. 그러나 핵심은 개신교인 Z세대의 3명 1명은 교회를 신뢰하지 않는다는 데 있다.

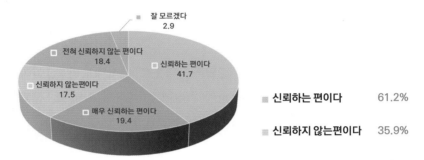

한국교회 신뢰도

선생님은 한국교회에 대하여 어느 정도 신뢰를 가지고 있습니까? [개신교 n=103, 단위: %]

- 잘 모르겠다 2.9
- 전혀 신뢰하지 않는 편이다 18.4
- 신뢰하는 편이다 41.7
- 신뢰하지 않는편이다 17.5
- 매우 신뢰하는 편이다 19.4

- 신뢰하는 편이다　61.2%
- 신뢰하지 않는편이다　35.9%

■ 조사기간 : 2024년 2월 2일 　■ 조사대상 : 전국 만17세~28세 남녀　■ 응답자수 : 528명　■ 응답율:2.0%
■ 표본오차 : 95%신뢰수준 ± 4.3%　■ 조사방법 : 무선전화RDD100% 자동응답전화조사

Z세대 내 세부 연령별로 차이를 보이고 있는 것도 흥미로운 점이다. 저연령일수록 신뢰한다는 응답이 평균보다 높고, 고연령층에서는 신뢰한다는 응답이 평균보다 낮았다. 그 차이는 17.4%였다. 신뢰하지 않는다는 응답은 저연령층보다 고연령층에서 높게 나타나고 있다.

구분		사례수 (명)	신뢰 하는편 ①+②	신뢰 하지 않는편 ③+④	잘 모르 겠다	매우 신뢰 하는 편이다 ①	신뢰 하는 편 이다 ②	신뢰 하지 않는 편이다 ③	전혀 신뢰하 지 않는 편 이다 ④
	전체 (개신교)	(103)	61.2	35.9	2.9	19.4	41.7	17.5	18.4
연령	17,18,19세	(19)	73.7	26.3	0.0	10.5	63.2	21.1	5.3
	20,21,22세	(30)	63.3	33.3	3.3	20.0	43.3	20.0	13.3
	23,24,25세	(22)	54.5	40.9	4.5	27.3	27.3	22.7	18.2
	26,27,28세	(32)	56.3	40.6	3.1	18.8	37.5	9.4	31.3

4) 개신교인 Z세대를 대상으로 4가지를 물었더니

▶ 교회 출석 빈도

▶ 교회 개선점

▶ 온라인 교회와 메타버스교회의 필요성

▶ 온라인 교회와 오프라인 교회의 병행

(1) 교회에 얼마나 자주 가니?

개신교인이라고 응답한 108명을 대상으로 교회 출석은 어느 정도 하고 있는지 물었다. 58.3%는 매주일 출석한다고 응답하였고, 14.6% 는 한 달에 2~3번 정도, 6.8%는 한 달에 한번정도, 3.9%는 2~3개월 에 한번 정도, 16.5%는 기타라고 응답하였다.

이번 조사에서 41.7%가 주일성수를 하지 않는 것으로 나타난 것이다.

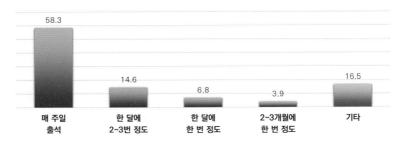

교회 출석 빈도

그렇다면 교회 출석은 어느 정도 하고 계십니까? [개신교 n=103, 단위: %]

■ 조사기간 : 2024년 2월 2일   ■ 조사대상 : 전국 만17세~28세 남녀   ■ 응답자수 : 528명   ■ 응답률: 2.0%
■ 표본오차 : 95%신뢰수준 ± 4.3%   ■ 조사방법 : 무선전화RDD100% 자동응답전화조사

매주일 출석하는 비율은 고연령(26~28세)일수록 높은 반면, 저연령(17~19세)일수록 낮게 나타난 것은 대학진학을 위한 학업과 학원 때문인 것으로 풀이된다.

구분		사례수 (명)	매 주일 출석	한 달에 2~3번 정도	한 달에 한 번 정도	2~3 개월에 한번 정도	기타
	전체(개신교)	(103)	58.3	14.6	6.8	3.9	16.5
연령	17,18,19세	(19)	52.6	26.3	0.0	10.5	10.5
	20,21,22세	(30)	53.3	10.0	16.7	3.3	16.7
	23,24,25세	(22)	59.1	4.5	4.5	4.5	27.3
	26,27,28세	(32)	65.6	18.8	3.1	0.0	12.5

한국교회를 신뢰한다고 응답한 층에서는 매 주일 출석 응답이 높은 반면, 신뢰하지 않는다고 응답한 층에서는 매 주일 출석률이 낮은 것을 알 수 있다.

구분		사례수 (명)	매 주일 출석	한 달에 2~3번 정도	한 달에 한 번 정도	2~3 개월에 한번 정도	기타
한국 교회 신뢰도	신뢰한다	(63)	69.8	11.1	3.2	4.8	11.1
	신뢰하지 않는다	(37)	43.2	21.6	10.8	2.7	21.6
	잘 모르겠다	(3)	0.0	0.0	33.3	0.0	66.7

(2) 한국교회가 가장 먼저 뭘 고쳐야 하니?

"팽창주의와 물질주의"

"교회가 가장 먼저 개선해야 할 점 한가지만 꼽는다면 어느 것이냐"는 질문에 26.2%가 팽창주의와 물질주의를 꼽았다.

그 다음으로 사회공공성 회복(17.5%), 목회자의 권위주의(16.5%), 영성회복(15.5%), 교회내의 공정성회복(6.8%), 지역사회봉사부족(5.8%) 순으로 나타났다.

Z세대 전연령층에서 '팽창주의와 물질주의'라는 응답이 높게 나타났고, 교회를 신뢰하는지 여부에 상관없이 '팽창주의와 물질주의'라는 응답이 가장 높게 나타났다.

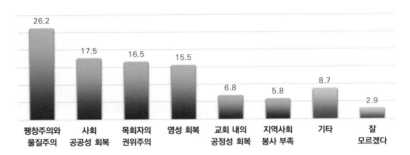

교회 개선점

교회가 가장 먼저 개선해야 할 점 한 가지만 꼽는다면 다음 중 어느 것입니까?
[개신교 n=103, 단위: %]

- 팽창주의와 물질주의: 26.2
- 사회 공공성 회복: 17.5
- 목회자의 권위주의: 16.5
- 영성 회복: 15.5
- 교회 내의 공정성 회복: 6.8
- 지역사회 봉사 부족: 5.8
- 기타: 8.7
- 잘 모르겠다: 2.9

■ 조사기간 : 2024년 2월 2일   ■ 조사대상 : 전국 만17세~28세 남녀   ■ 응답자수 : 528명   ■ 응답률: 2.0%
■ 표본오차 : 95%신뢰수준 ± 4.3%   ■ 조사방법 : 무선전화RDD100% 자동응답전화조사

(3) 온라인 교회와 메타버스 교회가 필요할까?

필요하다는 응답(42.7%)와 필요하지 않다(40.8%)로 오차범위내에서 팽팽한 결과가 나왔다.

필요하다는 응답이 42.7%로 비교적 높게 나타난 것은 코로나19를 지나면서 필요성이 크게 대두된 탓으로 보인다.

젊은 Z세대에서 필요하지 않다는 응답이 40.8%로 비교적 높게 나타난 것은 하나님과의 만남이라는 예배라는 특징에 대하여 아직까지는 보수적 입장을 가진 젊은 세대가 많은 것으로 풀이된다.

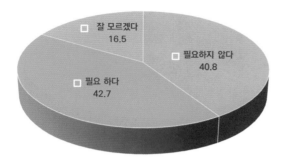

온라인 교회와 메타버스 교회의 필요성

온라인 교회와 메타버스 교회에 대하여 어떻게 생각하십니까? [개신교 n=103, 단위: %]

- 잘 모르겠다 16.5
- 필요하지 않다 40.8
- 필요 하다 42.7

■ 조사기간 : 2024년 2월 2일 ■ 조사대상 : 전국 만17세~28세 남녀 ■ 응답자수 : 528명 ■ 응답율:2.0%
■ 표본오차 : 95%신뢰수준 ± 4.3% ■ 조사방법 : 무선전화RDD100% 자동응답전화조사

(4) 온라인 교회와 오프라인 교회를 병행하는 것은?

온라인 교회와 오프라인 교회를 병행하는 것에 대한 질문에는 찬성한다는 의견이 64.1%로 반대한다는 의견 28.2%보다 압도적으로 높았다. 이런 결과 역시 코로나19 경험과 바쁜 일상이 반영된 결과로 보인다.

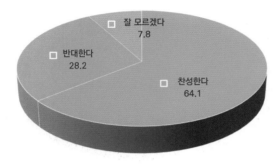

온라인 교회와 오프라인 교회의 병행

그렇다면 오프라인 교회와 온라인 교회를 병행하는 것에 대하여 어떻게 생각하십니까?
[개신교 n=103, 단위: %]

- 잘 모르겠다 7.8
- 반대한다 28.2
- 찬성한다 64.1

◼ 조사기간 : 2024년 2월 2일　◼ 조사대상 : 전국 만17세~28세 남녀　◼ 응답자수 : 528명　◼ 응답율:2.0%
◼ 표본오차 : 95%신뢰수준 ± 4.3%　◼ 조사방법 : 무선전화RDD100% 자동응답전화조사

5) 비개신교 Z세대를 대상으로 2가지를 물었더니

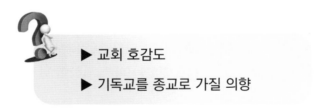

▶ 교회 호감도
▶ 기독교를 종교로 가질 의향

(1) 교회 호감도(비개신교 Z세대 425명 대상)

비개신교 Z세대 425명을 대상으로 교회 호감도를 물었다. 71.5%
가 호감이 없다고 응답하였고, 10.8%만이 호감이 있다고 응답하였다.
잘모르겠다는 응답은 17.6%였다.

전체적으로 비호감이 높지만, 특이한 점은 Z세대 내에서도 저연령층은 그나마 '호감이 있다'는 비율이 가장 높게 나타나고, 고연령층에서는 가장 낮게 나타나고 있다.

구분		사례수 (명)	호감이 있다	호감이 없다	잘 모르겠다
	전체 (개신교 이외)	(425)	10.8	71.5	17.6
연령	17,18,19세	(76)	19.7	60.5	19.7
	20,21,22세	(102)	13.7	66.7	19.6
	23,24,25세	(103)	7.8	77.7	14.6
	26,27,28세	(144)	6.3	76.4	17.4

한국교회를 신뢰하지 않는다고 응답한 층에서는 당연히 호감이 없다는 응답이 81.1%로 높고, 신뢰한다는 층에서는 호감이 있다는 비율이 51.1%로 높게 나타났다.

그리고 위의 질문에서 '호감이 없다'고 응답한 304명을 대상으로 다시 '교회에 호감이 없는 이유는 무엇인지'를 물었다.

'교회의 본질과 사명을 잃었기 때문'이라는 응답이 가장 높은 31.6%로 나타났고, 다음으로 '언행일치가 안되는 기독교인들 때문'(29.6%), '교회가 이기적이고 폐쇄적이기 때문'(21.7%) 순으로 나타났다.

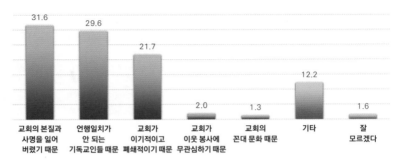

교회 호감이 없는 이유

다음 중 선생님이 현재 가장 흥미를 가지고 있는 것 한 가지만 고른다면 무엇입니까?
[개신교 이외, 개신교에 호감 없다 n=304, 단위: %]

교회의 본질과 사명을 잃어 버렸기 때문	언행일치가 안 되는 기독교인들 때문	교회가 이기적이고 폐쇄적이기 때문	교회가 이웃 봉사에 무관심하기 때문	교회의 꼰대 문화 때문	기타	잘 모르겠다
31.6	29.6	21.7	2.0	1.3	12.2	1.6

■ 조사기간 : 2024년 2월 2일　■ 조사대상 : 전국 만17세~28세 남녀　■ 응답자수 : 528명　■ 응답률: 2.0%
■ 표본오차 : 95%신뢰수준 ± 4.3%　■ 조사방법 : 무선전화RDD100% 자동응답전화조사

그리고 호감이 있다고 응답한 46명을 대상으로 다시 '호감을 가지는 이유'에 대하여 물었다.

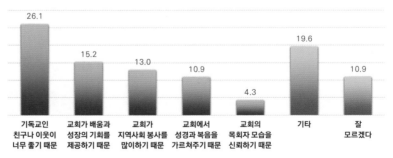

교회 호감이 있는 이유

다음 중 선생님이 현재 가장 흥미를 가지고 있는 것 한 가지만 고른다면 무엇입니까?
[개신교 이외, 개신교에 호감 있다 n=46, 단위: %]

기독교인 친구나 이웃이 너무 좋기 때문	교회가 배움과 성장의 기회를 제공하기 때문	교회가 지역사회 봉사를 많이하기 때문	교회에서 성경과 복음을 가르쳐주기 때문	교회의 목회자 모습을 신뢰하기 때문	기타	잘 모르겠다
26.1	15.2	13.0	10.9	4.3	19.6	10.9

■ 조사기간 : 2024년 2월 2일　■ 조사대상 : 전국 만17세~28세 남녀　■ 응답자수 : 528명　■ 응답률: 2.0%
■ 표본오차 : 95%신뢰수준 ± 4.3%　■ 조사방법 : 무선전화RDD100% 자동응답전화조사

'기독교인 친구나 이웃이 너무 좋기 때문'이라는 응답이 26.1%로 가장 높게 나타났고, 다음으로 '교회가 배움과 성장의 기회를 제공하지 때문'(15.2%), '교회가 지역사회 봉사를 많이 하기 때문'(13%), '교회에서 성경과 복음을 가르쳐 주기 때문'(10.9%)로 순으로 나타났다,

이는 향후 한국교회가 복음전도 방식을 '관계전도'로 전향해야 한다는 점을 시사하고 있다.

한편 같은 Z세대 중에서도 저연령층에서는 '기독교인 친구나 이웃이 너무 좋기 때문'이라는 응답이 높은 반면, 고연령층에서는 다른 이유들을 골고루 응답하였다.(* 참고로 표본이 46명으로 전체로 일반화하기는 무리가 있다)

	구분	사례수 (명)	교회가 지역 사회 봉사를 많이 하기 때문	기독교인 친구나 이웃이 너무 좋기 때문	교회에서 성경과 복음을 가르쳐 주기 때문	교회의 목회자 모습을 신뢰 하기 때문	배움과 성장의 기회를 제공 하기 때문	기타	잘 모르겠다
	전체 (개신교 이외) (개신교 호감 있다)	(46)	13.0	26.1	10.9	4.3	15.2	19.6	10.9
연령	17,18,19세	(15)	20.0	33.3	6.7	6.7	13.3	13.3	6.7
	20,21,22세	(14)	0.0	50.0	14.3	0.0	14.3	14.3	7.1
	23,24,25세	(8)	12.5	0.0	12.5	0.0	12.5	37.5	25.0
	26,27,28세	(9)	22.2	0.0	11.1	11.1	22.2	22.2	11.1

(2) 기독교를 종교로 가질 의향 (비개신교 Z세대 425명 대상)

개신교인이라고 응답한 사람을 제외한 나머지 425명을 대상으로 "기회가 된다면 본인의 종교로 기독교를 선택할 의향이 있느냐?"는 질문에 의향이 있다는 12%, 의향이 없다는 82.6%로 나타났다.

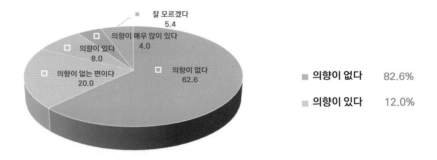

기독교를 종교로 가질 의향

기회가 된다면 본인의 종교로 기도교를 선택할 의향이 있습니까? [개신교 이외 n=425, 단위: %]

- 잘 모르겠다 5.4
- 의향이 매우 많이 있다 4.0
- 의향이 있다 8.0
- 의향이 없는 편이다 20.0
- 의향이 없다 62.6

■ 의향이 없다 82.6%
■ 의향이 있다 12.0%

■ 조사기간 : 2024년 2월 2일 ■ 조사대상 : 전국 만17세~28세 남녀 ■ 응답자수 : 528명 ■ 응답율:2.0%
■ 표본오차 : 95%신뢰수준 ± 4.3% ■ 조사방법 : 무선전화RDD100% 자동응답전화조사

이 결과에서 의향이 없다 82.6%에 절망할 것이 아니라, 의향이 있다고 한 12%에 희망을 걸아야 할 것이다. 이것은 아직도 씨를 뿌리면 거둘 영혼이 있다는 말이고, 예비된 영혼이 있다는 것을 풀이된다.

'의향이 있다'는 12%를 세부적으로 연령대별로 보면, 저연령층일수록 의향이 높은 것을 확인할 수 있고, 고연령층수록 의향이 없다는 응답이 높은 것으로 나타났다.

이는 어릴수록 복음을 받아들일 확률이 높다는 것을 보여주며, 주일학교와 중고등부 대학.청년부의 중요성을 보여준다고 할 수 있다.

구분		사례수 (명)	의향 있다 ①+②	의향 없다 ③+④	잘 모르겠다	의향이 매우 많다 ①	의향이 어느 정도 있다 ②	의향이 없는 편이다 ③	의향이 전혀 없다 ④
	전체 (개신교 이외)	(425)	12.0	82.6	5.4	4.0	8.0	20.0	62.6
연령	17,18,19세	(76)	14.5	78.9	6.6	5.3	9.2	23.7	55.3
	20,21,22세	(102)	12.7	83.3	3.9	4.9	7.8	16.7	66.7
	23,24,25세	(103)	10.7	82.5	6.8	3.9	6.8	16.5	66.0
	26,27,28세	(144)	11.1	84.0	4.9	2.8	8.3	22.9	61.1

Part 5
Z세대를 향한 돌봄과 선교적 비전

연구조사를 통하여 다시 한번 생각해 본다. "교회가 무엇인가?" "한국교회는 불안과 걱정을 하며 살아가는 Z세대를 향하여 무엇을 해야 하는가?"에 대한 물음이다. 진정한 교회는 어떻게 되어지는가? 또한 교회의 본질에 대한 성찰과 함께 교회는 무엇을 해야 하는가? 또한 교회의 주체는 누구인가? 라는 질문에 대한 응답이 이루어져야 한다.

5. Z세대를 향한 돌봄과 선교적 비전

교회의 신뢰성 회복

연구조사를 통하여 다시 한번 생각해 본다. "교회가 무엇인가?"에 대한 물음이다. 진정한 교회는 어떻게 되어지는가? 또한 교회의 본질에 대한 성찰과 함께 교회는 무엇을 해야 하는가? 또한 교회의 주체는 누구인가? 라는 질문에 대한 응답이 이루어져야 한다. 왜냐하면 Z세대는 교회를 신뢰하지 않는다.

Z세대는 한국교회를 향한 신뢰도는 매우 낮은 편이다. 전체적으로 528명에게 질문 했을 때, "신뢰하지 않는다" 70.3%; "비신자 Z세대는 신뢰하지 않는 편"이 78.6%이며, 개신교인 Z세대도 한국교회 "신뢰하지 않는 다" 35.9% 가 나왔다.

조사연구에서 볼 때 Z세대는 열명 중 일곱은 한국교회에 대하여 신뢰하지 않고 있다. 다양한 이유가 있겠지만, 교회가 교회 됨을 상실하고. 본질을 잃어버렸기 때문이다. 개신교인 Z세대 조차 가장 큰 개선점이 "팽창주의를 극복하는 것"(26.2%)으로 조사 되었다. 코로나 3

년을 걸치면서도 Z세대는 교회의 물질주의에 대하여 깊은 비판과 함께 극복해야 할 중요한 과제로 생각하고 있다. 또한 "사회 공공성 회복(17.5%)과 교회 공공성 회복(6.8%)을 합하면(24.3%)"을 중요한 해결점이라고 주저 없이 제시하고 있다.

비신자 Z세대는 "교회가 본질을 상실 했기 때문"(31.6%)라고 교회의 문제로 설명하고 있다. 또한 "언행일치가 안되는 기독교인들 때문"(29.6%)이다. 그 다음에 "교회가 이기적이고 폐쇄적이다"(21.7%). 고 제시하고 있다.

김병삼 목사는 《다시, 교회》[1)]에서

"교회의 목적이 모이는 일이 되어서는 안된다는 말입니다. 하나님은 우리 한사람 한사람을 교회로 부르셨습니다. 따라서 우리는 세상에 나가 교회가 되어서 신앙의 본질, 교회의 본질을 나타내야 합니다. 그렇다면 교회는 모인 사람들을 훈련시켜 주님의 이름으로 흩어지게 만드는 것이 사명이 되어야 하는 것이 아닐까요? 그것이 성경적인 교회, 교회의 본질이 아닐까요?"

《다시, 교회》 책에서 '교회의 본질, 신앙의 본질'이 무엇인지 깊이 생각해 볼 수 있다. 아니 교회 됨의 본질을 정확하게 설명하고 있다. 한국교회가 지금까지 모이는 교회에 집중해 왔다. 하지만 이제 흩어지는 교회에 집중해야 한다. 비신자 Z세대는 '교회의 본질 상실, 폐쇄적, 이기적' '믿음과 삶의 불일치' 이러한 결과 내용은 교회가 '성경적인 교회됨'으로 변혁해야 됨을 강조한다. 그것은 흩어지는 교회의 본질을 회복하는 것이다.

교회에 출석하는 Z세대 역시 교회의 '팽창주의'를 지적하고, '물질주의'에 대한 거부감을 갖고 있다. 교회와 크리스천들이 사회에서 공공성을 실천하고, 교회가 공정하기를 기대하고 있다. 이제 교회 본질을 향해서 몸부림치며, 아주 작은 것들부터 지역에 감동을 주는 일을 진정성 있게 해 나가야 할 것이다. 교회의 이미지를 개선하기 위해서 외적인 환경을 바꾸고, 프로그램이나 행사들을 시행하는 것으로 바뀌지 않는다. 과연 '진정성'이 있는가? '의도와 동기'가 무엇인가를 묻는다. 더 중요한 것은 교회가 성경적인 본질을 추구하며 성경적인 교회인가? 하는 문제이다.

최근 국민일보 캐리 뉴호프에 대한 기사에서 "Z세대는 래디컬한 교회를 찾는다"라는 기사 내용을 보았다.

"캐나다 코넥서스교회 원로목사인 캐리 뉴호프는 최근 발표한 '2024년을 흔들 7가지 교회 트렌드' 보고서에서 "안정된 교회가 멸종위기에 처했다"고 경고했다. 그는 교회 성장과 쇠퇴가 빠르게 진행되고 있으며, 변화하지 않는 교회는 사라질 위험이 있다고 지적했다. 특히 밀레니얼 세대와 Z세대는 과격하고 급진적이라는 뜻의 '래디컬'한 교회를 추구한다. 교회의 본질적인 측면을 더욱 갈망한다고 전했다."

뉴호프 목사는 교회가 다음 세대의 기대에 부응하지 않으면 쇠퇴할 수밖에 없다고 진단했다. 그의 분석에 따르면, 교회가 과거의 방식만 고수하고 변화하지 않으면 축소할 뿐 아니라 소멸할 위험에 직면하게 된다. 이정현 청암교회 목사는 최근 자신의 페이스북에 뉴호프 목사의 글을 인용하며 "교회가 다음세대를 위해 래디컬해져야 한다"고 강조했다. 그는 "교회의 변화는 필수적이며 MZ세대, 즉 20~40대가 교회의 핵심 세대가 돼야 한다"고 강조했다.[2]

Z세대는 '교회의 본질적인 측면을 강조하고 갈망한다.' 이러한 점에서 래디컬(Radical)하다. 그들로부터 신뢰를 얻기 위해서, '교회의 교회 됨의 상실'을 인정하고, 교회가 세속주의와 상업주의에 빠져 있다는 점을 깊이 고민하며 반성해야 한다. 그리고 교회가 사회와 세상을 위한 생각을 바꾸고 패러다임 전환이 일어나야 한다.

교회는 그리스도의 영적인 몸(spiritual body)으로 인류를 위해 존재한다. 또한 교회는 그리스도처럼 종으로 세상에 보내심을 받았다. '세상을 위한 존재'로서의 교회는 사도성과 깊은 관련이 있다. 교회는 세상을 향해 보내심을 받았다. 예수께서는 자기 주위에 제자들을 모으셨던것처럼, 예수께서는 제자들을 세상에 보내신다(마10:5-42; 막 16: 16; 눅 24:49; 요 20: 21). 이는 세상과 화목케하는 복음을 실천하기 위한 것이다.

교회가 '세상을 위해 존재함'은 교회의 보편성과 깊은 연관을 갖고 있다. 예수 그리스도의 주되심이 '모든 통치와 권세'(마28: 18; 엡 1:19-23; 골1:15-20)를 주관하신다면, 교회의 존재 목적은 우주적인 통치와 범주 안에서 이해되어진다.[3]

'찰스 벤 엔겐'(Charles Van Engen)의 말이 맞다. 그는 세상을 향해 흩어지는 교회를 강조한다. 이것이 교회의 본질과 사명이라고 주장한다.

김병삼 목사는 《다시, 교회》[4]에서 "교회, 세상으로 뛰어 들라" 강조했다.

"20년 동안 만나교회가 리모델링 하면서 '교회의 존재 이유가 분명한 교회가 되었으면 좋겠다'는 장로님들과 함께 건물에 대한 분명한 두 가지 목적을 세웠다. 첫째는 다음세대를 위해 준비하는 교회가 되자는 것이고, 둘째는 예수 믿지 않는 사람들과 함께 사용할 수 있는 교회가 되자는 것이다. 1층 로비에 갤러리와 카페, 아이들을 위한 공간이 있다. 과거에는 1층 절반이 어른들과 식당을 위한 공간이었다."

바로 이러한 관점이 중요하다. 세상을 향한 교회, 다음세대를 고민하는 교회, 흩어지는 교회가 성경적인 교회가 아닌가? 교회를 지금 무엇을 바라보고 있는가? 교회가 무엇이 되어야 하나? 교회의 본질(being)를 고민하며, 교회 리더십들과 때로는 갈등하지만 교회의 본질을 이루려 하는 몸부림이다. 이것이 '교회됨'이며 성경적 교회의 실천이다. 본회퍼는 《옥중서신》[5]에서 "교회는 다른 사람들을 위하여 존재할때만 교회라고 할 수 있다." 그렇다. 교회와 크리스천들은 '타자를 위한 삶'을 살아내야 한다.

크리스천들은 '내가 교회이다'라는 정신을 갖고, 삶과 일터에서 공공성을 고민해야 한다. 직장과 가정, 그리고 교회 밖의 삶에서 그리스도를 닮은 '현존'으로 '선한 행실' '언행일치'의 삶을 살아내자.

진정한 공동체와 사랑의 환대

본 연구조사에 따르면, Z세대 비신자들은 '교회에 호감이 없다'(71.5%), '호감이 있다'(10.8%). 호감이 없는 이유가 '교회의 본질과 사명을 잃었기 때문'(31.6%); '언행일치가 안되는 기독교인들 때문'(29.6%); '교회가 이기적이고 폐쇄적이기 때문'(21.7%) 이다. 조사에 의하면, 비신자 425명의 응답자 중 기독교를 종교로 선택할 '의향이 없다'(82.6%); '의향 있다' (12%)이다. 조사의 결과가 무엇을 의미하는 가? 비신자 Z세대에게 교회는 신뢰를 주지 못하고, 호감이 없으며, 매력을 주지 못하고 있다.

비신자 Z세대는 기독교와 특별히 교회에 관심이 없다. 이것이 무엇을 의미하는가? 신뢰를 잃은 교회와 기독교의 현실이다. 이제 세상을 감동시키는 교회, 그리고 비신자 Z세대들에게 공감하는 기독교로 어떻게 바뀔수 있는가? 그들의 아픔을 보듬고, 필요를 채워가는 교회 진정한 공동체를 만들어 가야한다.

성경적 진정한 공동체가 되기 위해서, Z세대를 연결하는 핵심은 '사랑의 관계'이다. 마이클 그린은 "사랑의 관계"를 다음과 같이 강조하고 있다.

"사랑은 세상에서 가장 위대한 것이다. 사랑은 우리가 예배하는 하나님의 메아리이다. 사람들은 하나님을 따르는 사람들의 삶에서 실제적인 사랑을 볼 수 있을 때까지 위대하신 사랑의 하나님께로 돌아오지 않을 것이다."[6]

교회는 영혼을 사랑하는 공동체가 되어야 한다. 세상을 향한 사랑을 많이 표현하는 사람들이 모이는 공동체가 되어야 한다. 왜냐하면 그것이 하나님이 교회를 세우신 분명한 이유이기 때문이다.[7] 이것이 교회의 본질이다. 그리고 교회는 사랑이 중심이다. 예수 그리스도를 알지 못하는 Z세대를 향한 사랑의 구체적인 실천을 어떻게 표현해야 할까? 바로 그 해답은 '환대'(hospitality)이다.

교회는 Z세대에게 사랑의 환대를 경험하게 하는 장소가 되어야 한다. 사람들이 믿을 때까지 기다렸다가 교회 공동체로 초대해서는 안된다. 대부분의 Z세대는 믿음 이전에 어딘가에 소속되고 싶은 욕구가 있다. 이러한 소속감의 필요는 자신의 필요 뿐만 아니라 다른 사람의 필요를 충족 시켜 주기도 한다.[8]

유학시절 미국 사람들의 집에 종종 초대받아 식사를 나눈 적이 있다. 참 소박하게 음식이 나왔다. 그 소박한 음식을 놓고 대화를 하며 즐거워했다. 참으로 기쁨이 가득했다. 그리고 그 식사 초대가 기다려졌다. 누군가로부터 초대를 받고, 음식을 나누고, 대화를 한다는 것은 말로 표현할 수 없는 기쁨이었다. 이것이 작은 사랑의 환대이다. 지금 Z세대 학생들과 젊은이들에게 이 작은 환대가 필요하다.

조지 헌터(George G. Hunter III)《사도적 교회》[9] 에서 이렇게 말했다.

"기독교인들 누구든지 그들은 다른 사람들을 사랑하는 사람들이라고 부른다. 그리고 그들은 본성적으로 사랑하는 사람들이라고 기대한다. 우리의 복음송이 증언하는 것처럼, '그들은 우리의 사랑에 의하여 우리가 기독교임을 안다.' 사람들은 성경에서, '아가페 사랑'이라고 부르는 것을 확인한다. 그 아가페 사랑은 감정으로 정의 되는 것이 아니다. 그것은 '불타오르는 친절' '타오르는 선한 행위'(goodwill on fire) 라고 정의한다."

타오르는 친절과 동정이 사랑의 구체적 표현으로 드러나는 공동체가 성경적인 진정한 공동체이다. 이러한 공동체는 사도행전 2장 42-47절을 실천하는 공동체이며, 세상을 향해 감동을 주는 교회의 모습이다.

〈국민일보〉 "성장하는 교회는 OOO에 뜨겁다." 기사를 보면,

"서울 홍대 앞에서 개척해 7년 만에 440여명의 교인으로 성장한 뉴송교회(남빈 목사), 젊은이들의 신앙적 열정이 남다르다. 남빈 목사는 뉴송교회의 성장을 복음의 본질을 강조하는 사역 덕분이라고 설명했다. 남 목사는 "홍대 중심에 있는 우리 교회는 복음과 제자화에 대한 본질을 강조하고 있다. 청년들이 인생의 확신을 얻을 수 있는 부분이 크다"[10]

이상훈은 교회가 진정한 공동체들을 만들어 가는 교회들이 건강함을 강조했다.

"이 미국의 래디컬한 교회들은 전통적인 형식이나 편안함을 뛰어넘어 신앙의 본질과 공동체성을 강조한다"며 "이들은 단순히 예배만 드리는 것이 아니라 신앙을 실제 삶 속에서 실천하는 공동체를 형성하고 있다." "강력한 영적 체험을 제공하며 교인들이 복음을 중심으로한 삶을 살도록 도전하는 것도 특징"이다. "미셔널 커뮤니티나 소그룹

활동을 통해 교인들이 서로 깊이 연결되도록 하면서 복음 전파에 적극적으로 참여하게 하는 공통점을 가진다"[11]

교회의 본질은 복음과 제자훈련에 충실해야 한다. 그리고 소그룹 활동을 강조했다. 여기서 끝나지 않고, 교회의 본질은 디아코니아 섬김과 종의 모습이다. 마태복음 25장 40절, "내가 진실로 너희에게 이르노니, 너희가 여기 내 형제 중에 지극히 작은 자 하나에게 한 것이 곧 내게 한 것이라." '작은자'에게 실천하는 것이 중요하다. 이것은 단순한 선행정도가 아니다. 도움을 필요로 하는 모든 사람 누군가를 막론하고 섬겨야 하는 것이 교회의 핵심적인 본질이다. 이러한 사랑의 섬김이 없다면 그러한 교회는 교회의 본질을 상실한 것이다.

Z세대를 향한 교회는 진정한 공동체를 만들기 위해서, 그들의 필요를 채워 줄 수 있는 사랑의 환대를 실천하고, 그들을 환영하고, 네트워크를 구성하며, 관계를 맺어가는 것이다.

'꼰대 문화'를 넘어 '소통 문화'로

한국 사회가 빠르게 변화해 가면서 리더십문화도 바뀌었다. 그 동안 우리 사회가 가지고 있는 권위적인 리더십과 태도는 Z세대와의 소통을 가로막고 있다. 교회 역시 전통적인 리더십으로 권위적, 획일적, 관료적인 시스템 아래 운영해 왔다. Z세대가 중요한 교회 의제와 어젠다의 결정에 참여하지 못하는 문화이다. 사실 교회하면 "꼰대 문화"라는 이미지가 강하다. Z세대는 교회 리더십들을 "꼰대"라고 부른다. 이 말은 '젊은 세대와 소통을 하지 않고, 소통이 되지 않는 다'는 것을 의미한다.

뿐만 아니라 교회의 중요한 결정 사항을 몇 명의 교회 리더들이 결정한다. 기성세대는 Z세대를 '학생, 청년'으로만 이해하고 있다. 교회를 구성하는 핵심적인 리더들로 인정하지 않는 다. 오늘을 살아가는 Z세대 학생들과 청년들이 얼마나 '창의적, 혁신적'이고, 성경적 본질을 추구하는지 인정하지 않는다. 어쩌면 한 부서의 학생, 청년으로만, 교회 성장의 수단으로 인식하고 있지는 않은지?

Z세대는 "다양성, 개방성과 연결"의 중심으로 소통하는 문화 속에서 자라왔다. 권위적인 태도와 분위기를 거부한다. Z세대는 누구든지 수평적인 관계를 유지하고, 소통하기를 원한다.

이재훈 목사는 《맞춤 전도》에서 '소통'에 대하여 다음과 같이 말하고 있다. "그들과 소통하기 위해서는 그들의 눈높이에 맞는 문화적 상황화(Cultural Contextualization)가 요구된다. 교회는 Z세대 비신자들을 향한 문화를 이해하고, 그들의 눈높이를 향한 프로그램을 진행하고, 그들의 필요를 알고, 관계를 상황화하며 연결해서 그들을 만나야 한다."[12]

Z세대들과 소통하기 위해서는 쌍방향 커뮤니이션이 중요하다. 전달자와 수용자의 쌍방향성 소통이 일어나야 한다. 현대 사회는 쌍방향 커뮤니케이션을 중요시하는 문화로 변화하였기에 교회가 쌍방향적인 방식을 찾는데 노력해야 한다.[13]

Z세대는 일방적인 소통이나 커뮤니케이션을 거부한다. 일방적인

지시나 권위적인 태도는 그들의 마음을 닫게 한다. 우선 그들과 소통하기 위해서는, Z세대의 필요와 아픔을 진정성있게 듣고 공감해야 한다.

저명한 복음주의 기독교 변증가 리 스트로벨(Lee Strobel)이 "변증은 영적인 Z세대와 소통하는 중요한 관문이라며, 청년들이 갖는 질문과 의심을 수용할 것을 권장했다."[14]

리스트로벨의 말대로 Z세대가 교회와 크리스천을 향하여 비판하고, 질문을 던질 때, 일방향적인 대답이 아니라 그들의 질문과 의심을 수용하며, 그들을 향한 변증할 수 있는 쌍방향 소통이 Z세대와 연결할 수 있다.

교회 소통의 문화를 이루기 위해서 직분이 없는 수평적인 사례들이 있다. 필자가 2024년 7월 31일 베이직 교회를 방문하여, 조정민 목사와 교회에서 아침 식사를 하며, 대화 중 직접 들은 내용이다.

"베이직 교회는 성도들 간에 직분이 없고, 모두 형제 자매라 부른다. 또한 중요한 의사 결정도 민주적인 절차를 걸쳐 형제, 자매들이 운영위원회에서 결정한다."는 이것은 소통의 문화 모습이라고 생각한다.

김영석 교목은 '대전 새누리교회'(안진섭 목사) 사례를 소개했다. 이 교회는 장로가 없고 모든 교인이 서로를 '형제·자매'로 호칭한다. 당회 역시 '형제·자매'로 이뤄진 운영위원회가 대신한다. 운영위원 임기는 2년으로 '장기적인 집권'은 불가능하다. 김영석 교목은 "주도권을 가지고 교회의 의사 결정에 참여하는 것은 신나고 재미있는 일"이라며 "청년이 교회에 머물도록 하려면 의사 결정 구조부터 바꿔야 한다"[15]고 말했다.

찰스 밴 엔겐(Charles Van Engen)는 "Postmoderism-Possible Contributions"에서 다음과 같이 교회의 구조와 조직의 변화를 설명하고 있다.

"미래의 교회는 기본적으로 그 자체가 관료적인 조직과 기구들 보다 오히려 그룹과 개인들의 관계적인 네트워크에 의해서 구성되어 져야 된다고 역설했다."[16]

교회는 전통에만 의지해 일방통행의 조직과 기구를 가질 것이 아니라 관계적인 네트워크를 통하여 모든 기독교인들이 세상의 삶속으로 흩어져야 한다. 그리고 Z세대 비신자들이 속한 그룹, 모임, 사회에 참여하여 그들에게 호의적인 접촉점을 만들어야 한다.

교회의 체질과 시스템이 바뀌어 보자. 교회의 '당회, 기획위원회, 제직회'등 최고 의결 기관에 학생, Z세대 청년들이 참여할 수가 없다. 이제 과감히 조직과 시스템을 바꾸어, Z세대와 소통할 수 있는 구조, 수평적 문화로 전환을 시도해 보자. 다음세대가 중심이 되는 교회문화, 세상에서 살아가는 비신자 젊은이들을 담아 낼 수 있는 수평적 시스템과 문화, 열린 공동체를 만들어 보자.

공적 영역을 회복하는 교회

개신교 Z세대는 교회가 개선해야 할 과제로 "사회공공성 회복"(17.5%)를 강조하였다. 비신자 Z세대는 교회를 신뢰하지 않는다(78.5%), 교회호감이 없다(71.5%) 중 호감이 없는 이유는 "교회가 자기 중심적이고, 이기적이고 폐쇄적이기 때문"(21.7%)라고 답을 했다. 여기에서 우리는 Z세대는 교회의 공공성에 깊은 관심을 갖고 있음을 알 수 있다. 교회와 크리스천이 적극적으로 사회를 향한 공적인 책임을 갖기를 원한다.

팀켈러는 ≪탈기독교시대의 전도≫에서 일 '공적 영역에 남아 있는 신실한 기독교인/ 삶의 모든 영역에서 신앙과 일의 통합'을 이루야 됨을 설명하고 있다.

"우리는 비기독교적 사고방식과 관심사가 지배적인 문화 속에 살아가면서 어떻게 하면 신실하게 신앙을 지키며 세상과 소통할 수 있는지 고민해야 한다. 기독교인들은 3가지 문화적 전략을 시도했는데 첫째는 문화로부터 자신을 방어하면서 그 문화를 지배하는 것, 둘째는 문화의 영향을 받지 않기 위해 그 문화로부터 철수하는 것, 셋째는 문화와 타협하고 그 문화에 동화되려는 것이었다. 교회는 모든 신자들을 훈련시켜 그들이 지닌 신앙과 일터에서의 활동이 서로 통합되도록 도와야 한다. 인간이 살아가는 모든 삶의 범위로 기독교의 영향력이 확장되는 비전을 보여주어야 한다. 소금이 맛을 내는데 사용될 뿐만 아니라 음식이 썩지 않도록 보존하는 데에도 사용되듯이 믿는 자들 또한 세상의 모든 영역에서 신앙과 일의 통합을 이루어야 한다. 이는 기독교인이 사회를 지배하기 때문이 아니라 그 사회에 신실하게 남아 있기 때문이다."[17]

이제 교회는 공적인 영역을 위해서 구체적인 프로그램, 프로젝트를 만들어 가기 위한 운동을 일으켜야 한다. 교회는 본질적으로 공공성 회복과 공적 책임에 깊이 관련되어 있다. 기후 환경과 생태계 문제, 생명돌봄운동, 가난과 불평등 문제, 정의를 향하여 섬김과 봉사등 공적인 책임에 대한 관심을 갖자. 그리고 교회의 본질적인 사역으로 인식하며, 교회가 속한 지역사회와 깊은 연관성을 갖고 연대해야 한다. 크리스천들의 삶에서 신앙과 일, 그리고 신앙과 사회적 책임으로 통합을 이루어 가야 한다.

크리스토퍼 라이트는 《하나님의 선교, 세상을 바꾸다》에서 '정의와 공정함'에 대해서 다음과 같이 설명하였다.

"정의는 공정함을 지향하는 인간의 깊은 본능에서 우러나오는 행동을 말한다. 세상에 올바르지 않은 일들이 일어난다. 누군가가 타인을 악의적으로 학대하고, 착취하고 노예로 삼을 때 분노를 느낀다. 특히 그런 짓을 저지르고도 처벌받지 않을 때, 혹은 그런 행동이 제도화되고, 정상적인 것으로 여겨져 합법화되고 심지어 국가적으로 국제적인 차원에서 구조적 법제화가 이루어지는 것을 보면 더욱 그렇다. 이로 인해 피해를 입고 스스로를 위해 정의를 갈망하는 사람들이 있다. 또한 이런 사람들을 위해 적극적으로 정의를 추구하는 사람들도 있다. 정의를 행하는 일은 너무나 힘들고 고통스러운 작업이지만, 그것이 가능한 모든 곳에서 결과적으로 화해와 평화가 이루어진다."[18]

크리스토퍼 라이트의 말이 옳다. 공공성을 위한 정의를 실현하는 과정은 매우 힘들고 어렵다. 그러나 정의를 구현하는 현장에서 화해와 평화가 온다. 이것이 기독교의 중요한 가치이며, 교회의 본질이다. Z세대는 교회에게 공공성을 기대한다. 교회의 공공성 뿐만 아니라 세상을 향한 공공성을 실현하기를 원한다. 과연 교회는 본질인 '공공성을 위한 행동(Action)과 실천' 어떻게 구현하고 있는가?

교회의 자원과 공공기관이 연결하여 지역사회를 섬기는 예를 소개해 보고자 한다. 만나교회 복지 코디 프로그램 사례이다. 만나교회는 지역사회 복지서비스가 필요한 기초생활 수급자나 차상위계층 만큼은 아니지만, 상황이 어려워서 도움이 필요한 이들, 거동이 불편해 행정기관에 가서 복지신청을 어려운 분들을 위해 마련한 사역이다. 만나교회는 성남시와 MOU를 체결하고, 복지코디 사역을 통해 도움을 요청하는 이들을 공공복지 시스템과 연계하고, 사회복지 전문가의 도움을 받도록 하고 있다. 현재 30여 명의 교인이 복지 코디네이터로 참여하고 있다.[19]

필자가 2024년 7월 28일 교회를 방문, 로비 안내 프랭카드를 촬영

필자가 2024년 7월 28일 주일에 만나교회 예배를 참석하였다. 김병삼 목사는 예배 중 광고에서 "만나복지코디 사역의 중요성과 교회가 공공기관과 함께하는 사업을 통해 교회가 지역사회를 섬기고, 지역에 계신 어려운 분들에게 실제적인 혜택"을 주기 위함이라고 했다. 예배후에 로비에서 담당하는 팀장이 여러 형제, 자매들에게 안내하는 모습을 보았다. "아 이것이 교회구나"라는 생각에 가슴이 벅차 올랐다. 교회가 공적인 일을 하는데, 교회의 규모는 문제가 되지 않는다. 목회자의 스피릿과 크리스천 자신들이 사회의 공적인 일에 대한 관점이 중요

하다고 생각한다.

교회가 공적인 영역을 이루기 위해서 고통당하는 지역의 난민을 섬기는 하나의 사례를 살펴보자. 미국 뉴욕수정교회(황영송목사)와 뉴저지에 있는 교회들이 연합하여 Dayton, OH 지역에 난민을 지속적으로 10년 넘게 섬겨오고 있다.[20] 데이톤 오하이오는 미국 중부의 작은 소도시이다. 이 작은 도시에 2천명이 넘는 난민들이 있다. 주로 8개국(에리트레아, 콩고, 수단, 부탄, 콜롬비아, 이라크, 아프카니스탄, 이란)난민들이다.

빈민촌에 자리잡은 난민들을 위하여 학생들을 데리고 봉사활동을 갖던 것이 계기가 되어서 지금은 온 교회와 뉴욕과 뉴저지 지역에 10여개 교회들이 연합으로 오하이오 데이톤 지역 "난민선교"를 하고 있다. 황영송 목사는 "처음에는 일 주 동안 단기 선교를 하다가 교인들이 한 달간 사역을 하고, 더 나아가서 지속적인 사역으로 발전할 수 있는 계기가 되었다. 뉴욕수정교회가 선교센터를 짓고, 비영리단체를 만들고, 난민사역 헌신자들과 파트너십을 맺고, 아이들과 학생들의 성경학교, 영어교육, 숙소제공, 집수리등 다양한 형태로 지속적인 사역을 하고 있다."[21]

이러한 난민사역이 교회 공동체를 바꾸어 놓았다. 교회 Z세대의 생각과 세계관이 바뀌어졌다. 공적인 영역을 실천하는 교회는 의식전환을 이루었다. 그리고 교회 공동체가 "흩어지는 교회"로 변화되어가고 있다.

온라인 영역을 확장하여 올라인(All-Line)으로 나아가라

Z세대는 디지털 원주민(Digital Native)세대이다. 태어날 때부터 스마트폰과 테블릿 PC를 활용하고, 그것들 안에서 소통하며 관계하는 문화 속에서 살아왔다. 그리고 디지털 온라인 안에서 모든 삶의 중심과 의미를 갖고 관계를 맺고 살아간다. Z세대는 스마트폰이 없는 시대를 살아본 적이 없다. 이들은 권위적이고, 관료적인 시스템이나 권위를 싫어한다. Z세대는 스마트폰과 인터넷을 통한 온라인 문화에 익숙해서 관계에 있어서도 수평적이고, 다양성을 추구하고, 매우 개방적이며, 재미를 추구한다. Z세대는 인스타그램, 틱톡을 최우선으로 하고 있다.

22살 작은아들에게 질문한 적이 있다. Z세대는 "틱톡과 인스타그램을 왜 좋아하니?" 아들은 "재미있다, 빠르다, 쉽다"라고 간단히 대답했다.

그렇다. Z세대 아들의 예를 보더라도, Z세대는 접근성이 좋고, 재미있는 인스타그램과 틱톡을 선호한다. 그곳에서 일상의 많은 시간을 보내며, 친구와 소통하고 사람들과 관계하고 있다. 틱톡과 인스타그램 등이 관계 형성에 중요한 역할을 하고 있다.

대한민국은 온라인 환경이 최고로 최적화 되었다. 조사에 따르면, "온라인과 메타버스 교회의 필요성" 개신교 Z세대는 42.7%; "온라인 교회와 오프라인 교회가 함께 병행"에 찬성이 64.1% 이다. 자 이제 교회는 온라인 안에서 적극적으로 비신자와의 관계를 만드는 다리 연결을 해야 한다.

정기묵 교수는 코로나19 이후 사회적 대변혁과 4차 산업혁명 변화를 다음과 같이 몇가지로 설명하고 있다.

"첫째로 4차 산업혁명은 인공지능(AI)의 발전으로 사람의 두뇌활동을 로봇이 대체하는 시대; 둘째로 정보통신기술(ICT)과 사물인터넷(IoT)의 발전과 융합으로 모든 것이 연결되는 초연결사회(Hyper-connected society)로 진입; 셋째로 스스로 학습하면서 진화하는 딥러닝이라는 알고리즘을 가진 인공지능 시스템의 진보이다.[22]

4차 산업혁명과 더불어 코로나19가 현대문화와 사회에 도전과 기회를 제공하였다. 비대면 사회, 언택트(Untact)와 온택트(Ontact), 그리고 메타버스(Metaverse)라는 새로운 영역을 제공했다. 언택트와 온택트, 메타버스는 Z세대를 향한 사역의 기회이다.

페이스북은 2021년 10월 회사이름을 메타(Meta)로 바꾸었다. 페이스북이 사업 분야와 방향성에 전환을 가져온 것이다. 메타가 그리는 메타버스(Metaverse)는, 클릭하면 먼 곳에 있는 정보에 도달할 수 있는 인터넷처럼 시공간을 초월해서 사람들이 만나고 어울릴 수 있는 터전으로, 인터넷의 다음 단계이다. 몇 개의 플랫폼과 프로젝트와 관련되어 있다. VR 기기 기반한 호라이즌(Horizon)이다.

호라이즌은 사용자들이 자신의아바타로 가상 세계로 모여 일, 게임, 소통등을 하는 공간을 제공한다. 이러한 방법이 사람들이 멀리 떨어져 있어도 공간을 공유하며, 함께 있다는 사회적인 실재감을 경험하게 하는 것이다.[23]

조사에 따르면, Z세대 신자는 온라인교회와 메타버스교회에 42.7%는 필요성을 역설했다. 이것은 한국교회에 던지는 의미가 크다. Z세대들이 생각하는 교회는 오프라인에 존재하는 전통적인 교회관을 매이지 않는 다. Z세대들은 이미 그들이 겪고 있는 포스트모던 문화와 온라인안에서의 일상생활이 패러다임 이동을 가져왔다. 더욱이 코로나19 이후 심각하게 그들은 교회에 대한 인식이 온라인과 메타버스교회의 대한 인식 전환이 이루어졌다. 이제 교회는 온라인 사역을 넘어서 메타교회를 생각해야 한다.

메타버스(Metaverse)를 활용하는 예를 생각해 보자. 메타버스교회는 현실을 뛰어넘어 초월할 수 있는 확장현실(Extend Reality)을 통해 독립적 제 삼의 공간을 중심으로 현실종교를 넘어선 체계를 구축하는 점에서 확장 이상의 의미를 가진다고 할 수 있다.

현한나 박사는 "현실에서 태어나면서 장애나 성별이나 나이와 상관없이 새 커뮤니티에서 '나'라는 정체성으로 자리매김하고, 체험할 수 있는 공간이 메타버스이다. 메타버스 교회 참석자들은 기존교회와 공동체와는 분리하거나 독립될 수 있다. 현재 온라인상의 하이브리드에서 메타버스로 가장 발빠르게 집단운동을 보여주는 것이 바로 선교의 미전도종족이라고 불리는 Z세대이다."[24]

장성배 교수는 Z세대를 사역을 위해서, "메타버스 선교로 사역을 확장하라" 책에서 '메타버스를 도구로 사용하는 선교, 메타버스를 향한 선교, 물리적 세계를 변화시키는 선교'를 강조한다. 장성배 교수는 메타버스 선교로 Z세대를 초대하고 선교의 가능성을 제시하고 있다.

이 세대는 디지털 노마드 세대로 비대면과 온라인이 익숙한 세대이다. 이러한 관점에서 교회는 메타버스 교회를 적극적으로 구축하고 적극적으로 활용할 필요가 있다. 메타버스 교회에서 Z세대와 만나고, 그들과 소통하며, 약자의 의견을 존중하고, 서로가 함께 성장하며, 진정성있게 그들에게 다가갈 수 있다.[25]

연구조사에 따르면, Z세대 개신교 신자는 64.1%가 온라인과 오프라인 교회가 병행해야 한다고 주장한다. 여기에 답이 있다. 교회는 다양한 디지털 채널을 활용하여 세상을 향한 문을 열어놓아야 한다. 온라인 환경을 구축하고, 오프라인 공간에서 체험적인 신앙을 제공할 수 있는 올라인 교회(All-line Church)로 나아가야 한다. 온라인과 오프라인 교회가 상호보완적으로 나아갈 수 있는 하이브리드(hybrid church)[26]를 제안해 보고자 한다.

하이브리드교회는 온감, 실재감, 소속감, 장소감이라는 키워드를 중요하게 생각한다.

1) 하이브리드처치는 온감이라고 하는 휴먼터치가 중요하다. 교회에 처음 발걸음을 내딛고 따뜻함을 원하는 새신자들을 위한 것임;

2) 실재감: 오프라인에서 현존을 느낀다. MZ세대는 디지털의 편의성과 함께 실재감의 욕구가 있다. 오프라인에서 실재감을 경험하게 하는 것임;

3) 소속감: 소그룹에서 길을 찾다. 최근에 MZ세대는 소그룹 앱이 유행이다. 소그룹, 소모임을 통해서 소속감을 갖게함;

4) 장소감: 나만의 장소를 만들다. 공간+장소는 경험임. 하이브리드 처치는 교인들이 온오프라인인 영역에서 '나만의 장소를 만들어 갈 수 있도록 제공해야 한다.[27]

톰 레이너(Tom S. Rainer)는 라이프웨이리서치(Lifeway Research)에서 코로나 19 시대 이후에 나타날 교회사역의 변화를 다음과 같이 예측하고 있다.

첫째는 사역의 단순함,

둘째는 교회 밖의 관심의 증가,

셋째는 예배 인원의 감소,

넷째는 지교회의 확대,

다섯째는 디지털 사용능력의 배가,

여섯째는 가나안 교인의 증가,

일곱째는 온라인예배에 집중,

여덟째는 사역자들이 새로운 목회 콘텐츠를 만드는 일에 추가될 것,

아홉째는 목회자들이 평등한 상황에서 사역을 감당할 것[28] 등이다.

포스트 코로나 시대에는 전혀 다른 교회와 선교 패러다임을 요구하며, 목회적 환경이 온라인이냐 오프라인이냐를 논하는 것은 무의미한 시대가 되었다. 온라인은 코로나19전보다 더욱 강력하게 요구되어 질 것이며, 하지만 오프라인의 기반이 없는 온라인은 허상에 불과하다. 오프라인을 기반으로 온라인 사역을 가능케 하는 '올라인(All-Line)' 교회와 선교로 빠른 전환이 필요하다.[29] 김병삼 목사는 거대한 코로나의 물결 전부터 온라인 미디어교회를 설립(2018년)하여 '예배와 돌봄'을 실시하였고, 코로나를 겪으면서 미디어교회의 존재 이유를 발견하였다. 그 이후에 올라인 교회(All-Line)를 설립하였다.

"올라인교회는 전적으로 다른 교회와 다른 목회를 생각하게 되었다. 지금까지 오프라인 교회의 대안이나 선교적 교회의 필요가 수요를 만들어 냈다면, 이제 교회 전체가 온라인 역량을 갖추고, 목회를 시작하기로 선언하였다. 이전에는 건물이 중심이 된 만나교회를 기반으로 선교했다면, 이제 그 부분이 사라진 것이다. 만나교회 자체가 선교의 대상이 되고, 선교의 대상이 만나교회가 또한 선교하는 교회이다."[30]

오프라인과 온라인의 융합하는 올라인(All-Line) 사역이 선교적 방향이며, 믿지않는 사람들과 소통하며, 복음이 접근성을 가까이 할 뿐만 아니라 Z세대와 연결하는 중요한 사역이라고 생각한다.

필요 중심적인(Needs Based) 전도

포스트모던 문화에서 자란 Z세대에게 어떻게 다가가야 하는가? 이재훈목사는 《맞춤전도》에서 이렇게 설명하고 있다.

"포스트모던 시대에 태어나 자라난 엠지(MZ)세대를 디지털 네이티브(Digital Native)세대라고 말한다. 다원주의와 디지털 문화속에서 자라난 그들은 자신의 느낌과 경험을 가장 중요하게 생각한다. 그리고 자유롭게 의사를 표현한다. 엠지 세대는 일방적이고 권위적으로 주어지는 메시지와 전도 방법에 대하여 다른 세대에 비하여 더욱 심하게 거부한다. 이들에게 복음을 제시하기 위해서는 이전 세대에 효과적이었던 전도 방법들을 고수하기 보다 그들의 필요에 적합한 복음 제시 방법이 요구된다."[31]

Z세대의 가장 큰 고민은 무엇인가? 그것은 취업이나 이직 문제(26.3%); 진로와 진학 문제(24.6%); 경제적문제 (24.6%)이다. 포스트 코로나 이후에 Z세대는 미래의 더욱 불안을 안고 살아가고 있다. 취업의 불안정과 미래의 불안으로 일하지 않은 젊은 청년(쉬는 젊은 세대)들이 44만명이라는 통계가 있다. "대학을 졸업한 후 일도 구직 활동도 하지 않는 '그냥 쉬었다'는 청년의 수가 7월 기준 역대 최대치를 기록했다. 이들 중 75%는 일할 의지가 없는 것으로 조사됐다."[32]

Z세대를 위한 '다리 놓기(Reaching out)'는 멘토링과 코칭으로 연계하는 것이다. 누군가의 결과가 아닌 과정을 롤모델로 삼는다. Z세대와 과정을 함께 할 롤모델로 삼은 멘토링과 스스로 나의 강점과 약점을 발견하고, 해결책을 찾을 수 있도록 이끌어 줄 코치가 필요하다.[33]

Z세대는 코칭을 통해서 자신만의 커리어를 개척한다. 실제로 경력을 독창적으로 해석해 새로운 직업을 만드는 창작 사례가 늘어가고 있다. '러닝전도사 안정은'은 좋은 사례이다. 그는 퇴사 후 우울증, 불면증, 대인기피증 등을 극복하기 위해서 달리기를 하다가 인생의 의미를 되찾았다. 그리고 달리기의 긍정적인 영향력을 전파라는 '러닝전도사'라는 직업을 창작했다. 러닝 크루 운영, 러닝 강습, 러닝 이벤트기획등 달리기와 직접적으로 관련된 업무 뿐만 아니라 스포츠 브랜드 모델, 출판, 강연등 달리기를 중심으로 커리어 포트폴리어를 넓게 확장하고 있다.[34]

교회가 삶의 고민과 미래의 취업, 진로문제에 Z세대에게 어떻게 다가가야 하는가? 그들을 향한 접근과 다리놓기(reaching out)는 무엇인가? 다리놓기는 "한 사람의 삶의 필요를 채워주는 것이다. 관계를 만들 수 있도록 관심을 보이는 것이다. 다리 놓기의 목적은 한 편에서 다른 편으로 건너가게 하는 것이다. 크리스천들이 다리를 놓은 것은 이 세계에서 다른 세계로 건너가기 위한 관계를 놓은 것이다. 다리 놓기는 지속적인 과정이다. 즉 관계를 만드는 과정이다.[35] Z세대를 향한 다리 놓기는 그들의 가장 절대적인 필요인 진로, 직업의 동기 부여와 직업 탐색이다.

무엇보다 Z세대 개인 한 사람을 위한 코칭 시스템을 구축하고 그리고 전문 상담가를 통한 돌봄과 케어 센터를 만들어 비신자 Z세대의 필요를 채워주는 일을 시도하는 것이다.

볼프의 《배제와 포용》에서, 그는 이제 복음을 커뮤니케이션을 할 때, 예전의 방식인 머리에서 머리로(head to head)를 탈피해야 한다고 말했다. 포스트모던 상황에 살아가는 현대인들에게는 능력 있는 설교자가 설교를 하더라도, "난 성경이 뭐라 말하든 상관없어....난 성경 자체를 안 믿으니까."라고 말한다. 이러한 사람들에게는 "손에서 마음으로"(hand to heart)가야 한다고 역설한다. 기독교인의 사랑과 자비의 손길, 그리고 긍휼이 사람들의 마음을 열게 하고 "크리스천이 왜 그리 행하였는지"를 묻는다고 했다. 그때 우리는 복음을 제시할 수 있다고 설명 한다.[36]

크리스천들이 비신자들에게 마음이 담긴 진정성 있는 모습으로 그들의 필요를 채워가면서 삶에서 환대를 실천해 가야 한다. 필요 중심전도에 대한 구체적인 사례는 스티븐 쇼그린은 《101가지 전도법》에서 다양한 사례를 소개한다. 필요중심적 전도를 시행을 위해서는 Z세대 대상자를 세분하여 그들의 필요(needs)를 잘 파악해야 한다.[37] 거기에 적절한 눈높이와 상황에 맞게 맞춤전도와 필요중심적 전도를 시행해야 한다.

Z세대 종교 인식도 조사

결과보고서

2024. 2. 2

OPINION RESEARCH JUSTICE
여론조사 공정

① 조사 설계

구 분	내용
조사대상	■ 전국 만17세이상 만28세이하 남녀
조사방법	■ 구조화된 설문지를 이용한 무선 ARS전화조사
피조사자 선정방법	■ 무선 ARS (100%) – 무선전화 RDD 주요국번 25개 0001~9999 무작위생성추출
표본수	■ 최종응답 528명
응답률	■ 전체: 2.0%
표본오차	■ 95%신뢰수준 ±4.3%p
표본추출	■ 무작위 추출
조사기간	■ 2024년 2월 2일
조사기관	■ 여론조사공정(주)

* 자료 해석상의 유의점

📋 열(Row)에 따라 모든 백분율을 산출하며, 결과표 내 숫자의 경우 소수점 첫 번째 자리에서 반올림된 값이 제시되기 때문에 백분율 합산 시 100%가 안 되는 Rounding Error가 나타날 수 있음

📋 표본조사의 경우 일정 수준의 표본오차가 발생하므로 반드시 사례수에 따른 표본오차(Sampling Error)를 고려해야 함

② 응답자 특성

구분		조사완료	
		사례수(명)	비율(%)
전체		528	100.0
연령	17,18,19세	95	18.0
	20,21,22세	132	25.0
	23,24,25세	125	23.7
	26,27,28세	176	33.3
성별	남성	379	71.8
	여성	149	28.2

1. 가장 큰 고민

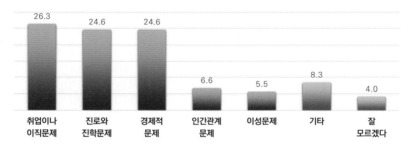

가장 큰 고민

선생님의 가장 큰 고민은 무엇인가? [n=528, 단위: %]

취업이나 이직문제	진로와 진학문제	경제적 문제	인간관계 문제	이성문제	기타	잘 모르겠다
26.3	24.6	24.6	6.6	5.5	8.3	4.0

■ 조사기간 : 2024년 2월 2일   ■ 조사대상 : 전국 만17세~28세 남녀   ■ 응답자수 : 528명   ■ 응답률: 2.0%
■ 표본오차 : 95%신뢰수준 ± 4.3%   ■ 조사방법 : 무선전화RDD100% 자동응답전화조사

【 표1 】 가장 큰 고민

[단위: 명, %]

구분		사례수 (명)	진로와 진학 문제	취업이나 이직 문제	경제적 문제	이성 문제	인간관계 문제	기타	잘 모르겠다
	전체	(528)	24.6	26.3	24.6	5.5	6.6	8.3	4.0
연령	17,18,19세	(95)	36.8	13.7	18.9	6.3	9.5	12.6	2.1
	20,21,22세	(132)	31.1	19.7	21.2	6.8	5.3	9.8	6.1
	23,24,25세	(125)	24.0	26.4	23.2	6.4	8.0	7.2	4.8
	26,27,28세	(176)	13.6	38.1	31.3	3.4	5.1	5.7	2.8
성별	남성	(379)	26.1	24.8	24.3	5.3	7.1	8.4	4.0
	여성	(149)	20.8	30.2	25.5	6.0	5.4	8.1	4.0
소속	고등학생	(65)	49.2	7.7	13.8	7.7	15.4	3.1	3.1
	대학생	(200)	34.0	26.0	17.5	5.5	8.0	7.5	1.5
	직장인	(165)	6.7	27.9	41.2	7.3	4.2	9.7	3.0
	아직 직업이 없다	(98)	19.4	36.7	18.4	1.0	2.0	11.2	11.2
가장 큰 고민	진로와 진학 문제	(130)	100.0	0.0	0.0	0.0	0.0	0.0	0.0
	취업이나 이직 문제	(139)	0.0	100.0	0.0	0.0	0.0	0.0	0.0
	경제적 문제	(130)	0.0	0.0	100.0	0.0	0.0	0.0	0.0
	이성 문제	(29)	0.0	0.0	0.0	100.0	0.0	0.0	0.0
	인간관계 문제	(35)	0.0	0.0	0.0	0.0	100.0	0.0	0.0
	기타	(44)	0.0	0.0	0.0	0.0	0.0	100.0	0.0
	잘 모르겠다	(21)	0.0	0.0	0.0	0.0	0.0	0.0	100.0
가장 큰 흥미	게임	(44)	20.5	27.3	15.9	11.4	15.9	9.1	0.0
	유튜브	(45)	17.8	26.7	28.9	4.4	11.1	8.9	2.2
	SNS	(29)	17.2	20.7	24.1	13.8	10.3	6.9	6.9
	영화나 드라마	(38)	23.7	21.1	23.7	2.6	7.9	10.5	10.5
	친구	(49)	34.7	18.4	10.2	14.3	14.3	4.1	4.1
	돈을 버는 것	(179)	22.3	31.3	33.5	4.5	3.9	2.8	1.7
	건강	(63)	25.4	27.0	19.0	3.2	4.8	15.9	4.8
	기타	(66)	30.3	27.3	19.7	0.0	0.0	16.7	6.1
	잘모르겠다	(15)	40.0	6.7	26.7	0.0	0.0	13.3	13.3
한국교회 신뢰도	매우 신뢰하는 편이다	(30)	26.7	16.7	26.7	10.0	13.3	0.0	6.7
	신뢰하는 편이다	(80)	31.3	25.0	22.5	3.8	8.8	6.3	2.5
	신뢰하지 않는 편이다	(130)	30.0	28.5	22.3	3.8	5.4	6.9	3.1
	전혀 신뢰하지 않는 편이다	(241)	16.6	30.3	25.3	7.1	6.2	11.2	3.3
	잘 모르겠다	(47)	38.3	8.5	29.8	2.1	4.3	6.4	10.6
한국교회 신뢰도	신뢰한다	(110)	30.0	22.7	23.6	5.5	10.0	4.5	3.6
	신뢰하지 않는다	(371)	21.3	29.6	24.3	5.9	5.9	9.7	3.2
	잘 모르겠다	(47)	38.3	8.5	29.8	2.1	4.3	6.4	10.6
종교	개신교	(103)	28.2	25.2	28.2	1.9	7.8	5.8	2.9
	천주교	(50)	32.0	18.0	32.0	0.0	8.0	6.0	4.0
	불교	(74)	12.2	29.7	29.7	8.1	9.5	9.5	1.4
	기타 종교	(25)	16.0	28.0	16.0	16.0	8.0	16.0	0.0
	없다	(276)	26.1	27.2	21.4	6.2	5.1	8.7	5.4

2. 가장 큰 흥미

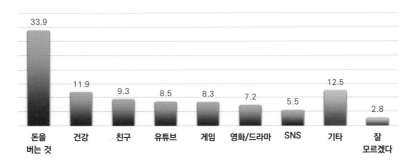

가장 큰 흥미

다음 중 선생님이 현재 가장 흥미를 가지고 있는 것 한 가지만 고른다면 무엇입니까?
[n=528, 단위: %]

돈을 버는 것	건강	친구	유튜브	게임	영화/드라마	SNS	기타	잘 모르겠다
33.9	11.9	9.3	8.5	8.3	7.2	5.5	12.5	2.8

■ 조사기간 : 2024년 2월 2일   ■ 조사대상 : 전국 만17세~28세 남녀   ■ 응답자수 : 528명   ■ 응답률 : 2.0%
■ 표본오차 : 95%신뢰수준 ± 4.3%   ■ 조사방법 : 무선전화RDD100% 자동응답전화조사

【 표2 】가장 큰 흥미

[단위: 명, %]

구분		사례수(명)	게임	유튜브	SNS	영화나 드라마	친구	돈을 버는 것	건강	기타	잘모르 겠다
	전체	(528)	8.3	8.5	5.5	7.2	9.3	33.9	11.9	12.5	2.8
연령	17,18,19세	(95)	9.5	9.5	8.4	4.2	10.5	27.4	12.6	13.7	4.2
	20,21,22세	(132)	8.3	9.1	6.8	3.8	12.9	31.8	11.4	12.1	3.8
	23,24,25세	(125)	12.8	7.2	5.6	11.2	8.8	25.6	13.6	11.2	4.0
	26,27,28세	(176)	4.5	8.5	2.8	8.5	6.3	44.9	10.8	13.1	0.6
성별	남성	(379)	9.8	9.0	5.3	5.8	9.2	33.5	12.7	11.9	2.9
	여성	(149)	4.7	7.4	6.0	10.7	9.4	34.9	10.1	14.1	2.7
소속	고등학생	(65)	10.8	9.2	7.7	7.7	18.5	23.1	10.8	10.8	1.5
	대학생	(200)	11.0	8.0	8.5	7.0	10.0	28.5	12.5	11.0	3.5
	직장인	(165)	6.1	9.7	2.4	5.5	7.3	43.0	12.1	12.7	1.2
	아직 직업이 없다	(98)	5.1	7.1	3.1	10.2	5.1	36.7	11.2	16.3	5.1
가장 큰 고민	진로와 진학 문제	(130)	6.9	6.2	3.8	6.9	13.1	30.8	12.3	15.4	4.6
	취업이나 이직 문제	(139)	8.6	8.6	4.3	5.8	6.5	40.3	12.2	12.9	0.7
	경제적 문제	(130)	5.4	10.0	5.4	6.9	3.8	46.2	9.2	10.0	3.1
	이성 문제	(29)	17.2	6.9	13.8	3.4	24.1	27.6	6.9	0.0	0.0
	인간관계 문제	(35)	20.0	14.3	8.6	8.6	20.0	20.0	8.6	0.0	0.0
	기타	(44)	9.1	9.1	4.5	9.1	4.5	11.4	22.7	25.0	4.5
	잘 모르겠다	(21)	0.0	4.8	9.5	19.0	9.5	14.3	14.3	19.0	9.5
가장 큰 흥미	게임	(44)	100.0	0.0	0.0	0.0	0.0	0.0	0.0	0.0	0.0
	유튜브	(45)	0.0	100.0	0.0	0.0	0.0	0.0	0.0	0.0	0.0
	SNS	(29)	0.0	0.0	100.0	0.0	0.0	0.0	0.0	0.0	0.0
	영화나 드라마	(38)	0.0	0.0	0.0	100.0	0.0	0.0	0.0	0.0	0.0
	친구	(49)	0.0	0.0	0.0	0.0	100.0	0.0	0.0	0.0	0.0
	돈을 버는 것	(179)	0.0	0.0	0.0	0.0	0.0	100.0	0.0	0.0	0.0
	건강	(63)	0.0	0.0	0.0	0.0	0.0	0.0	100.0	0.0	0.0
	기타	(66)	0.0	0.0	0.0	0.0	0.0	0.0	0.0	100.0	0.0
	잘모르겠다	(15)	0.0	0.0	0.0	0.0	0.0	0.0	0.0	0.0	100.0
한국교회 신뢰도	매우 신뢰하는 편이다	(30)	6.7	3.3	13.3	6.7	6.7	33.3	10.0	13.3	6.7
	신뢰하는 편이다	(80)	3.8	7.5	5.0	8.8	8.8	37.5	15.0	13.8	0.0
	신뢰하지 않는 편이다	(130)	6.9	9.2	3.8	9.2	13.8	30.0	12.3	10.8	3.8
	전혀 신뢰하지 않는 편이다	(241)	11.2	8.3	5.8	6.2	7.5	36.9	10.8	11.6	1.7
	잘 모르겠다	(47)	6.4	12.8	4.3	4.3	8.5	23.4	12.8	19.1	8.5
한국교회 신뢰도	신뢰한다	(110)	4.5	6.4	7.3	8.2	8.2	36.4	13.6	13.6	1.8
	신뢰하지 않는다	(371)	9.7	8.6	5.1	7.3	9.7	34.5	11.3	11.3	2.4
	잘 모르겠다	(47)	6.4	12.8	4.3	4.3	8.5	23.4	12.8	19.1	8.5
종교	개신교	(103)	7.8	8.7	5.8	6.8	10.7	34.0	7.8	16.5	1.9
	천주교	(50)	8.0	6.0	6.0	4.0	6.0	30.0	18.0	20.0	2.0
	불교	(74)	4.1	9.5	6.8	9.5	5.4	33.8	21.6	5.4	4.1
	기타 종교	(25)	12.0	8.0	12.0	8.0	20.0	28.0	4.0	8.0	0.0
	없다	(276)	9.4	8.7	4.3	7.2	9.4	35.1	10.5	12.0	3.3

3. 한국교회 신뢰도

한국교회 신뢰도

선생님은 한국교회에 대하여 어느 정도 신뢰를 가지고 있습니까? [n=528, 단위: %]

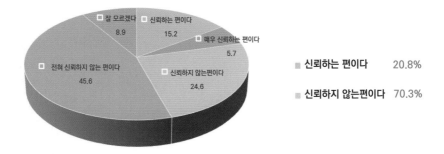

| | 잘 모르겠다 8.9 | 신뢰하는 편이다 15.2 | 매우 신뢰하는 편이다 5.7 | 신뢰하지 않는편이다 24.6 | 전혀 신뢰하지 않는 편이다 45.6 |

■ **신뢰하는 편이다**   20.8%

■ **신뢰하지 않는편이다**   70.3%

■ 조사기간 : 2024년 2월 2일   ■ 조사대상 : 전국 만17세~28세 남녀   ■ 응답자수 : 528명   ■ 응답율:2.0%
■ 표본오차 : 95%신뢰수준 ± 4.3%   ■ 조사방법 : 무선전화RDD100% 자동응답전화조사

【 표3 】 한국교회 신뢰도

[단위: 명, %]

구분		사례수 (명)	신뢰 하는 편 ①+②	신뢰하지 않는 편 ③+④	잘 모르겠다	매우 신뢰하는 편이다 ①	신뢰하는 편이다 ②	신뢰하지 않는 편이다 ③	전혀 신뢰하지 않는 편이다 ④
전체		(528)	20.8	70.3	8.9	5.7	15.2	24.6	45.6
연령	17,18,19세	(95)	29.5	61.1	9.5	6.3	23.2	20.0	41.1
	20,21,22세	(132)	22.0	68.2	9.8	8.3	13.6	26.5	41.7
	23,24,25세	(125)	17.6	74.4	8.0	5.6	12.0	26.4	48.0
	26,27,28세	(176)	17.6	73.9	8.5	3.4	14.2	24.4	49.4
성별	남성	(379)	21.1	71.0	7.9	5.5	15.6	23.2	47.8
	여성	(149)	20.1	68.5	11.4	6.0	14.1	28.2	40.3
소속	고등학생	(65)	27.7	61.5	10.8	9.2	18.5	20.0	41.5
	대학생	(200)	19.0	74.5	6.5	7.0	12.0	27.0	47.5
	직장인	(165)	20.6	71.5	7.9	5.5	15.2	25.5	46.1
	아직 직업이 없다	(98)	20.4	65.3	14.3	1.0	19.4	21.4	43.9
가장 큰 고민	진로와 진학 문제	(130)	25.4	60.8	13.8	6.2	19.2	30.0	30.8
	취업이나 이직 문제	(139)	18.0	79.1	2.9	3.6	14.4	26.6	52.5
	경제적 문제	(130)	20.0	69.2	10.8	6.2	13.8	22.3	46.9
	이성 문제	(29)	20.7	75.9	3.4	10.3	10.3	17.2	58.6
	인간관계 문제	(35)	31.4	62.9	5.7	11.4	20.0	20.0	42.9
	기타	(44)	11.4	81.8	6.8	0.0	11.4	20.5	61.4
	잘 모르겠다	(21)	19.0	57.1	23.8	9.5	9.5	19.0	38.1
가장 큰 흥미	게임	(44)	11.4	81.8	6.8	4.5	6.8	20.5	61.4
	유튜브	(45)	15.6	71.1	13.3	2.2	13.3	26.7	44.4
	SNS	(29)	27.6	65.5	6.9	13.8	13.8	17.2	48.3
	영화나 드라마	(38)	23.7	71.1	5.3	5.3	18.4	31.6	39.5
	친구	(49)	18.4	73.5	8.2	4.1	14.3	36.7	36.7
	돈을 버는 것	(179)	22.3	71.5	6.1	5.6	16.8	21.8	49.7
	건강	(63)	23.8	66.7	9.5	4.8	19.0	25.4	41.3
	기타	(66)	22.7	63.6	13.6	6.1	16.7	21.2	42.4
	잘모르겠다	(15)	13.3	60.0	26.7	13.3	0.0	33.3	26.7
한국 교회 신뢰도	매우 신뢰하는 편이다	(30)	100.0	0.0	0.0	100.0	0.0	0.0	0.0
	신뢰하는 편이다	(80)	100.0	0.0	0.0	0.0	100.0	0.0	0.0
	신뢰하지 않는 편이다	(130)	0.0	100.0	0.0	0.0	0.0	100.0	0.0
	전혀 신뢰하지 않는 편이다	(241)	0.0	100.0	0.0	0.0	0.0	0.0	100.0
	잘 모르겠다	(47)	0.0	0.0	100.0	0.0	0.0	0.0	0.0
한국 교회 신뢰도	신뢰한다	(110)	100.0	0.0	0.0	27.3	72.7	0.0	0.0
	신뢰하지 않는다	(371)	0.0	100.0	0.0	0.0	0.0	35.0	65.0
	잘 모르겠다	(47)	0.0	0.0	100.0	0.0	0.0	0.0	0.0
종교	개신교	(103)	61.2	35.9	2.9	19.4	41.7	17.5	18.4
	천주교	(50)	22.0	68.0	10.0	4.0	18.0	26.0	42.0
	불교	(74)	14.9	74.3	10.8	2.7	12.2	21.6	52.7
	기타 종교	(25)	28.0	72.0	0.0	16.0	12.0	20.0	52.0
	없다	(276)	6.5	82.2	11.2	0.7	5.8	28.3	54.0

4. 종교

종 교

선생님의 가장 큰 고민은 무엇인가? [n=528, 단위: %]

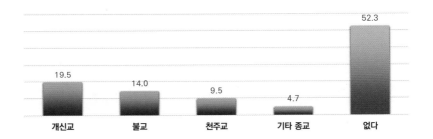

■ 조사기간 : 2024년 2월 2일   ■ 조사대상 : 전국 만17세~28세 남녀   ■ 응답자수 : 528명   ■ 응답률: 2.0%
■ 표본오차 : 95%신뢰수준 ± 4.3%   ■ 조사방법 : 무선전화RDD100% 자동응답전화조사

【 표4 】 종교

[단위: 명, %]

구분		사례수 (명)	개신교	천주교	불교	기타 종교	없다
전체		(528)	19.5	9.5	14.0	4.7	52.3
연령	17,18,19세	(95)	20.0	9.5	13.7	8.4	48.4
	20,21,22세	(132)	22.7	6.1	17.4	3.0	50.8
	23,24,25세	(125)	17.6	13.6	12.0	5.6	51.2
	26,27,28세	(176)	18.2	9.1	13.1	3.4	56.3
성별	남성	(379)	19.8	8.4	14.2	4.0	53.6
	여성	(149)	18.8	12.1	13.4	6.7	49.0
소속	고등학생	(65)	21.5	9.2	13.8	9.2	46.2
	대학생	(200)	20.5	9.5	12.5	3.5	54.0
	직장인	(165)	18.2	10.3	18.2	6.7	46.7
	아직 직업이 없다	(98)	18.4	8.2	10.2	1.0	62.2
가장 큰 고민	진로와 진학 문제	(130)	22.3	12.3	6.9	3.1	55.4
	취업이나 이직 문제	(139)	18.7	6.5	15.8	5.0	54.0
	경제적 문제	(130)	22.3	12.3	16.9	3.1	45.4
	이성 문제	(29)	6.9	0.0	20.7	13.8	58.6
	인간관계 문제	(35)	22.9	11.4	20.0	5.7	40.0
	기타	(44)	13.6	6.8	15.9	9.1	54.5
	잘 모르겠다	(21)	14.3	9.5	4.8	0.0	71.4
가장 큰 흥미	게임	(44)	18.2	9.1	6.8	6.8	59.1
	유튜브	(45)	20.0	6.7	15.6	4.4	53.3
	SNS	(29)	20.7	10.3	17.2	10.3	41.4
	영화나 드라마	(38)	18.4	5.3	18.4	5.3	52.6
	친구	(49)	22.4	6.1	8.2	10.2	53.1
	돈을 버는 것	(179)	19.6	8.4	14.0	3.9	54.2
	건강	(63)	12.7	14.3	25.4	1.6	46.0
	기타	(66)	25.8	15.2	6.1	3.0	50.0
	잘모르겠다	(15)	13.3	6.7	20.0	0.0	60.0
한국교회 신뢰도	매우 신뢰하는 편이다	(30)	66.7	6.7	6.7	13.3	6.7
	신뢰하는 편이다	(80)	53.8	11.3	11.3	3.8	20.0
	신뢰하지 않는 편이다	(130)	13.8	10.0	12.3	3.8	60.0
	전혀 신뢰하지 않는 편이다	(241)	7.9	8.7	16.2	5.4	61.8
	잘 모르겠다	(47)	6.4	10.6	17.0	0.0	66.0
한국교회 신뢰도	신뢰한다	(110)	57.3	10.0	10.0	6.4	16.4
	신뢰하지 않는다	(371)	10.0	9.2	14.8	4.9	61.2
	잘 모르겠다	(47)	6.4	10.6	17.0	0.0	66.0
종교	개신교	(103)	100.0	0.0	0.0	0.0	0.0
	천주교	(50)	0.0	100.0	0.0	0.0	0.0
	불교	(74)	0.0	0.0	100.0	0.0	0.0
	기타 종교	(25)	0.0	0.0	0.0	100.0	0.0
	없다	(276)	0.0	0.0	0.0	0.0	100.0

5. 가장 큰 고민 (개신교)

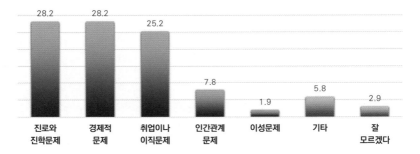

가장 큰 고민

선생님의 가장 큰 고민은 무엇인가? [개신교 n=103, 단위: %]

- 진로와 진학문제: 28.2
- 경제적 문제: 28.2
- 취업이나 이직문제: 25.2
- 인간관계 문제: 7.8
- 이성문제: 1.9
- 기타: 5.8
- 잘 모르겠다: 2.9

▣ 조사기간 : 2024년 2월 2일 ▣ 조사대상 : 전국 만17세~28세 남녀 ▣ 응답자수 : 528명 ▣ 응답률 : 2.0%
▣ 표본오차 : 95%신뢰수준 ± 4.3% ▣ 조사방법 : 무선전화RDD100% 자동응답전화조사

【 표5 】 가장 큰 고민 (개신교)

[단위: 명, %]

구분		사례수 (명)	진로와 진학 문제	취업이나 이직 문제	경제적 문제	이성 문제	인간 관계 문제	기타	잘 모르겠다
전체(개신교)		(103)	28.2	25.2	28.2	1.9	7.8	5.8	2.9
연령	17,18,19세	(19)	36.8	10.5	26.3	0.0	10.5	15.8	0.0
	20,21,22세	(30)	46.7	23.3	20.0	0.0	6.7	0.0	3.3
	23,24,25세	(22)	27.3	18.2	27.3	4.5	4.5	9.1	9.1
	26,27,28세	(32)	6.3	40.6	37.5	3.1	9.4	3.1	0.0
성별	남성	(75)	26.7	24.0	32.0	2.7	9.3	4.0	1.3
	여성	(28)	32.1	28.6	17.9	0.0	3.6	10.7	7.1
소속	고등학생	(14)	42.9	7.1	28.6	0.0	21.4	0.0	0.0
	대학생	(41)	43.9	31.7	14.6	0.0	2.4	4.9	2.4
	직장인	(30)	10.0	23.3	43.3	3.3	10.0	6.7	3.3
	아직 직업이 없다	(18)	11.1	27.8	33.3	5.6	5.6	11.1	5.6
가장 큰 고민	진로와 진학 문제	(29)	100.0	0.0	0.0	0.0	0.0	0.0	0.0
	취업이나 이직 문제	(26)	0.0	100.0	0.0	0.0	0.0	0.0	0.0
	경제적 문제	(29)	0.0	0.0	100.0	0.0	0.0	0.0	0.0
	이성 문제	(2)	0.0	0.0	0.0	100.0	0.0	0.0	0.0
	인간관계 문제	(8)	0.0	0.0	0.0	0.0	100.0	0.0	0.0
	기타	(6)	0.0	0.0	0.0	0.0	0.0	100.0	0.0
	잘 모르겠다	(3)	0.0	0.0	0.0	0.0	0.0	0.0	100.0
가장 큰 흥미	게임	(8)	25.0	37.5	12.5	0.0	12.5	12.5	0.0
	유튜브	(9)	0.0	33.3	66.7	0.0	0.0	0.0	0.0
	SNS	(6)	33.3	16.7	33.3	0.0	0.0	16.7	0.0
	영화나 드라마	(7)	42.9	0.0	14.3	0.0	14.3	14.3	14.3
	친구	(11)	45.5	9.1	18.2	9.1	18.2	0.0	0.0
	돈을 버는 것	(35)	20.0	28.6	34.3	2.9	11.4	0.0	2.9
	건강	(8)	37.5	62.5	0.0	0.0	0.0	0.0	0.0
	기타	(17)	35.3	17.6	23.5	0.0	0.0	17.6	5.9
	잘모르겠다	(2)	50.0	0.0	50.0	0.0	0.0	0.0	0.0
한국교회 신뢰도	매우 신뢰하는 편이다	(20)	35.0	20.0	35.0	0.0	5.0	0.0	5.0
	신뢰하는 편이다	(43)	30.2	23.3	25.6	2.3	9.3	7.0	2.3
	신뢰하지 않는 편이다	(18)	22.2	44.4	11.1	0.0	11.1	5.6	5.6
	전혀 신뢰하지 않는 편이다	(19)	21.1	21.1	36.8	5.3	5.3	10.5	0.0
	잘 모르겠다	(3)	33.3	0.0	66.7	0.0	0.0	0.0	0.0
한국교회 신뢰도	신뢰한다	(63)	31.7	22.2	28.6	1.6	7.9	4.8	3.2
	신뢰하지 않는다	(37)	21.6	32.4	24.3	2.7	8.1	8.1	2.7
	잘 모르겠다	(3)	33.3	0.0	66.7	0.0	0.0	0.0	0.0

6. 가장 큰 흥미(개신교)

가장 큰 흥미

다음 중 선생님이 현재 가장 흥미를 가지고 있는 것 한 가지만 고른다면 무엇입니까?
[개신교 n=103, 단위: %]

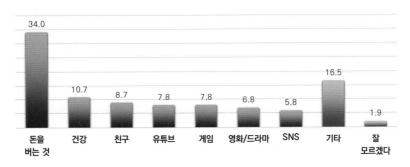

■ 조사기간 : 2024년 2월 2일 ■ 조사대상 : 전국 만17세~28세 남녀 ■ 응답자수 : 528명 ■ 응답률: 2.0%
■ 표본오차 : 95%신뢰수준 ± 4.3% ■ 조사방법 : 무선전화RDD100% 자동응답전화조사

【 표6 】 가장 큰 흥미 (개신교)

[단위: 명, %]

구분		사례수(명)	게임	유튜브	SNS	영화나 드라마	친구	돈을 버는 것	건강	기타	잘 모르겠다
전체(개신교)		(103)	7.8	8.7	5.8	6.8	10.7	34.0	7.8	16.5	1.9
연령	17,18,19세	(19)	0.0	5.3	5.3	5.3	21.1	31.6	5.3	26.3	0.0
	20,21,22세	(30)	10.0	3.3	10.0	6.7	10.0	20.0	16.7	16.7	6.7
	23,24,25세	(22)	18.2	9.1	9.1	4.5	13.6	31.8	0.0	13.6	0.0
	26,27,28세	(32)	3.1	15.6	0.0	9.4	3.1	50.0	6.3	12.5	0.0
성별	남성	(75)	9.3	12.0	5.3	2.7	10.7	37.3	8.0	12.0	2.7
	여성	(28)	3.6	0.0	7.1	17.9	10.7	25.0	7.1	28.6	0.0
소속	고등학생	(14)	14.3	0.0	7.1	7.1	21.4	28.6	7.1	14.3	0.0
	대학생	(41)	9.8	7.3	9.8	4.9	14.6	26.8	7.3	14.6	4.9
	직장인	(30)	3.3	16.7	0.0	6.7	3.3	43.3	10.0	16.7	0.0
	아직 직업이 없다	(18)	5.6	5.6	5.6	11.1	5.6	38.9	5.6	22.2	0.0
가장 큰 고민	진로와 진학 문제	(29)	6.9	0.0	6.9	10.3	17.2	24.1	10.3	20.7	3.4
	취업이나 이직 문제	(26)	11.5	11.5	3.8	0.0	3.8	38.5	19.2	11.5	0.0
	경제적 문제	(29)	3.4	20.7	6.9	3.4	6.9	41.4	0.0	13.8	3.4
	이성 문제	(2)	0.0	0.0	0.0	0.0	50.0	50.0	0.0	0.0	0.0
	인간관계 문제	(8)	12.5	0.0	0.0	12.5	25.0	50.0	0.0	0.0	0.0
	기타	(6)	16.7	0.0	16.7	16.7	0.0	0.0	0.0	50.0	0.0
	잘 모르겠다	(3)	0.0	0.0	0.0	33.3	0.0	33.3	0.0	33.3	0.0
가장 큰 흥미	게임	(8)	100.0	0.0	0.0	0.0	0.0	0.0	0.0	0.0	0.0
	유튜브	(9)	0.0	100.0	0.0	0.0	0.0	0.0	0.0	0.0	0.0
	SNS	(6)	0.0	0.0	100.0	0.0	0.0	0.0	0.0	0.0	0.0
	영화나 드라마	(7)	0.0	0.0	0.0	100.0	0.0	0.0	0.0	0.0	0.0
	친구	(11)	0.0	0.0	0.0	0.0	100.0	0.0	0.0	0.0	0.0
	돈을 버는 것	(35)	0.0	0.0	0.0	0.0	0.0	100.0	0.0	0.0	0.0
	건강	(8)	0.0	0.0	0.0	0.0	0.0	0.0	100.0	0.0	0.0
	기타	(17)	0.0	0.0	0.0	0.0	0.0	0.0	0.0	100.0	0.0
	잘모르겠다	(2)	0.0	0.0	0.0	0.0	0.0	0.0	0.0	0.0	100.0
한국교회 신뢰도	매우 신뢰하는 편이다	(20)	10.0	5.0	5.0	10.0	0.0	35.0	10.0	15.0	10.0
	신뢰하는 편이다	(43)	0.0	9.3	7.0	7.0	11.6	41.9	11.6	11.6	0.0
	신뢰하지 않는 편이다	(18)	11.1	11.1	0.0	5.6	22.2	22.2	5.6	22.2	0.0
	전혀 신뢰하지 않는 편이다	(19)	21.1	10.5	5.3	5.3	5.3	26.3	0.0	26.3	0.0
	잘 모르겠다	(3)	0.0	0.0	33.3	0.0	33.3	33.3	0.0	0.0	0.0
한국교회 신뢰도	신뢰한다	(63)	3.2	7.9	6.3	7.9	7.9	39.7	11.1	12.7	3.2
	신뢰하지 않는다	(37)	16.2	10.8	2.7	5.4	13.5	24.3	2.7	24.3	0.0
	잘 모르겠다	(3)	0.0	0.0	33.3	0.0	33.3	33.3	0.0	0.0	0.0

7. 한국교회 신뢰도(개신교)

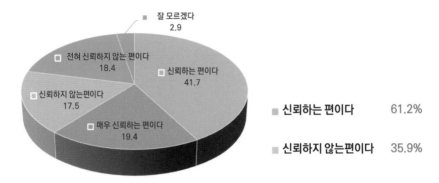

한국교회 신뢰도

선생님은 한국교회에 대하여 어느 정도 신뢰를 가지고 있습니까? [개신교 n=103, 단위: %]

- 잘 모르겠다 2.9
- 전혀 신뢰하지 않는 편이다 18.4
- 신뢰하는 편이다 41.7
- 신뢰하지 않는편이다 17.5
- 매우 신뢰하는 편이다 19.4

■ 신뢰하는 편이다　61.2%

■ 신뢰하지 않는편이다　35.9%

■ 조사기간 : 2024년 2월 2일　■ 조사대상 : 전국 만17세~28세 남녀　■ 응답자수 : 528명　■ 응답율:2.0%
■ 표본오차 : 95%신뢰수준 ± 4.3%　■ 조사방법 : 무선전화RDD100% 자동응답전화조사

【 표7 】한국교회 신뢰도 (개신교)

[단위: 명, %]

구분		사례수 (명)	신뢰 하는 편 ①+②	신뢰하지 않는편 ③+④	잘 모르겠다	매우 신뢰하는 편이다 ①	신뢰하는 편이다 ②	신뢰하지 않는 편이다 ③	전혀 신뢰하지 않는 편이다 ④
전체(개신교)		(103)	61.2	35.9	2.9	19.4	41.7	17.5	18.4
연령	17,18,19세	(19)	73.7	26.3	0.0	10.5	63.2	21.1	5.3
	20,21,22세	(30)	63.3	33.3	3.3	20.0	43.3	20.0	13.3
	23,24,25세	(22)	54.5	40.9	4.5	27.3	27.3	22.7	18.2
	26,27,28세	(32)	56.3	40.6	3.1	18.8	37.5	9.4	31.3
성별	남성	(75)	62.7	34.7	2.7	18.7	44.0	16.0	18.7
	여성	(28)	57.1	39.3	3.6	21.4	35.7	21.4	17.9
소속	고등학생	(14)	71.4	28.6	0.0	21.4	50.0	21.4	7.1
	대학생	(41)	53.7	41.5	4.9	24.4	29.3	29.3	12.2
	직장인	(30)	66.7	30.0	3.3	20.0	46.7	6.7	23.3
	아직 직업이 없다	(18)	61.1	38.9	0.0	5.6	55.6	5.6	33.3
가장 큰 고민	진로와 진학 문제	(29)	69.0	27.6	3.4	24.1	44.8	13.8	13.8
	취업이나 이직 문제	(26)	53.8	46.2	0.0	15.4	38.5	30.8	15.4
	경제적 문제	(29)	62.1	31.0	6.9	24.1	37.9	6.9	24.1
	이성 문제	(2)	50.0	50.0	0.0	0.0	50.0	0.0	50.0
	인간관계 문제	(8)	62.5	37.5	0.0	12.5	50.0	25.0	12.5
	기타	(6)	50.0	50.0	0.0	0.0	50.0	16.7	33.3
	잘 모르겠다	(3)	66.7	33.3	0.0	33.3	33.3	33.3	0.0
가장 큰 흥미	게임	(8)	25.0	75.0	0.0	25.0	0.0	25.0	50.0
	유튜브	(9)	55.6	44.4	0.0	11.1	44.4	22.2	22.2
	SNS	(6)	66.7	16.7	16.7	16.7	50.0	0.0	16.7
	영화나 드라마	(7)	71.4	28.6	0.0	28.6	42.9	14.3	14.3
	친구	(11)	45.5	45.5	9.1	0.0	45.5	36.4	9.1
	돈을 버는 것	(35)	71.4	25.7	2.9	20.0	51.4	11.4	14.3
	건강	(8)	87.5	12.5	0.0	25.0	62.5	12.5	0.0
	기타	(17)	47.1	52.9	0.0	17.6	29.4	23.5	29.4
	잘모르겠다	(2)	100.0	0.0	0.0	100.0	0.0	0.0	0.0

8. 교회 출석 빈도(개신교)

교회 출석 빈도

그렇다면 교회 출석은 어느 정도 하고 계십니까? [개신교 n=103, 단위: %]

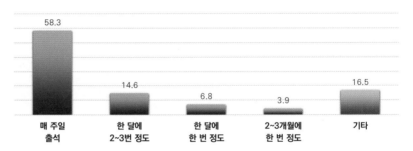

■ 조사기간 : 2024년 2월 2일 ■ 조사대상 : 전국 만17세~28세 남녀 ■ 응답자수 : 528명 ■ 응답률 : 2.0%
■ 표본오차 : 95%신뢰수준 ± 4.3% ■ 조사방법 : 무선전화RDD100% 자동응답전화조사

【 표8 】교회 출석 빈도 (개신교)

[단위: 명, %]

	구분	사례수 (명)	매 주일 출석	한 달에 2~3번 정도	한 달에 한번 정도	2~3개월에 한 번 정도	기타
	전체(개신교)	(103)	58.3	14.6	6.8	3.9	16.5
연령	17,18,19세	(19)	52.6	26.3	0.0	10.5	10.5
	20,21,22세	(30)	53.3	10.0	16.7	3.3	16.7
	23,24,25세	(22)	59.1	4.5	4.5	4.5	27.3
	26,27,28세	(32)	65.6	18.8	3.1	0.0	12.5
성별	남성	(75)	58.7	14.7	6.7	5.3	14.7
	여성	(28)	57.1	14.3	7.1	0.0	21.4
소속	고등학생	(14)	57.1	7.1	7.1	14.3	14.3
	대학생	(41)	53.7	17.1	9.8	2.4	17.1
	직장인	(30)	70.0	13.3	3.3	3.3	10.0
	아직 직업이 없다	(18)	50.0	16.7	5.6	0.0	27.8
가장 큰 고민	진로와 진학 문제	(29)	55.2	10.3	6.9	6.9	20.7
	취업이나 이직 문제	(26)	61.5	19.2	11.5	0.0	7.7
	경제적 문제	(29)	65.5	13.8	6.9	0.0	13.8
	이성 문제	(2)	50.0	0.0	0.0	50.0	0.0
	인간관계 문제	(8)	50.0	12.5	0.0	12.5	25.0
	기타	(6)	33.3	33.3	0.0	0.0	33.3
	잘 모르겠다	(3)	66.7	0.0	0.0	0.0	33.3
가장 큰 흥미	게임	(8)	50.0	0.0	0.0	0.0	50.0
	유튜브	(9)	55.6	33.3	11.1	0.0	0.0
	SNS	(6)	50.0	16.7	33.3	0.0	0.0
	영화나 드라마	(7)	71.4	14.3	0.0	0.0	14.3
	친구	(11)	36.4	27.3	0.0	18.2	18.2
	돈을 버는 것	(35)	65.7	11.4	2.9	5.7	14.3
	건강	(8)	50.0	12.5	25.0	0.0	12.5
	기타	(17)	58.8	11.8	5.9	0.0	23.5
	잘모르겠다	(2)	100.0	0.0	0.0	0.0	0.0
한국교회 신뢰도	매우 신뢰하는 편이다	(20)	90.0	0.0	5.0	0.0	5.0
	신뢰하는 편이다	(43)	60.5	16.3	2.3	7.0	14.0
	신뢰하지 않는 편이다	(18)	27.8	27.8	11.1	5.6	27.8
	전혀 신뢰하지 않는 편이다	(19)	57.9	15.8	10.5	0.0	15.8
	잘 모르겠다	(3)	0.0	0.0	33.3	0.0	66.7
한국교회 신뢰도	신뢰한다	(63)	69.8	11.1	3.2	4.8	11.1
	신뢰하지 않는다	(37)	43.2	21.6	10.8	2.7	21.6
	잘 모르겠다	(3)	0.0	0.0	33.3	0.0	66.7

9. 교회 개선점 (개신교)

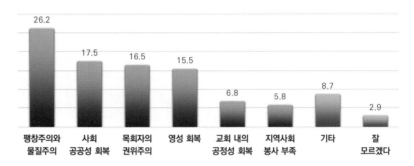

교회 개선점

교회가 가장 먼저 개선해야 할 점 한 가지만 꼽는다면 다음 중 어느 것입니까?
[개신교 n=103, 단위: %]

- 팽창주의와 물질주의: 26.2
- 사회 공공성 회복: 17.5
- 목회자의 권위주의: 16.5
- 영성 회복: 15.5
- 교회 내의 공정성 회복: 6.8
- 지역사회 봉사 부족: 5.8
- 기타: 8.7
- 잘 모르겠다: 2.9

■ 조사기간 : 2024년 2월 2일 ■ 조사대상 : 전국 만17세~28세 남녀 ■ 응답자수 : 528명 ■ 응답률: 2.0%
■ 표본오차 : 95%신뢰수준 ± 4.3% ■ 조사방법 : 무선전화RDD100% 자동응답전화조사

【 표9 】교회 개선점 (개신교)

[단위: 명, %]

구분		사례수 (명)	지역사회 봉사 부족	목회자의 권위주의	팽창주의 와 물질주의	영성 회복	교회 내의 공정성 회복	사회 공공성 회복	기타	잘 모르겠다
전체(개신교)		(103)	5.8	16.5	26.2	15.5	6.8	17.5	8.7	2.9
연령	17,18,19세	(19)	5.3	10.5	31.6	15.8	5.3	10.5	21.1	0.0
	20,21,22세	(30)	3.3	13.3	26.7	6.7	20.0	13.3	6.7	10.0
	23,24,25세	(22)	4.5	22.7	22.7	18.2	0.0	31.8	0.0	0.0
	26,27,28세	(32)	9.4	18.8	25.0	21.9	0.0	15.6	9.4	0.0
성별	남성	(75)	6.7	17.3	29.3	12.0	5.3	17.3	8.0	4.0
	여성	(28)	3.6	14.3	17.9	25.0	10.7	17.9	10.7	0.0
소속	고등학생	(14)	0.0	14.3	21.4	14.3	14.3	14.3	21.4	0.0
	대학생	(41)	2.4	12.2	31.7	17.1	12.2	17.1	2.4	4.9
	직장인	(30)	10.0	23.3	16.7	16.7	0.0	20.0	10.0	3.3
	아직 직업이 없다	(18)	11.1	16.7	33.3	11.1	0.0	16.7	11.1	0.0
가장 큰 고민	진로와 진학 문제	(29)	3.4	10.3	24.1	13.8	6.9	27.6	6.9	6.9
	취업이나 이직 문제	(26)	3.8	11.5	30.8	19.2	11.5	15.4	7.7	0.0
	경제적 문제	(29)	10.3	20.7	24.1	13.8	6.9	10.3	10.3	3.4
	이성 문제	(2)	0.0	0.0	50.0	0.0	0.0	50.0	0.0	0.0
	인간관계 문제	(8)	0.0	25.0	50.0	12.5	0.0	12.5	0.0	0.0
	기타	(6)	16.7	50.0	0.0	16.7	0.0	0.0	16.7	0.0
	잘 모르겠다	(3)	0.0	0.0	0.0	33.3	0.0	33.3	33.3	0.0
가장 큰 흥미	게임	(8)	0.0	37.5	25.0	0.0	0.0	25.0	12.5	0.0
	유튜브	(9)	22.2	11.1	44.4	0.0	0.0	22.2	0.0	0.0
	SNS	(6)	16.7	16.7	16.7	16.7	16.7	16.7	0.0	0.0
	영화나 드라마	(7)	0.0	0.0	28.6	0.0	42.9	14.3	14.3	0.0
	친구	(11)	0.0	18.2	36.4	18.2	9.1	0.0	18.2	0.0
	돈을 버는 것	(35)	2.9	20.0	22.9	25.7	0.0	20.0	5.7	2.9
	건강	(8)	0.0	0.0	37.5	25.0	12.5	25.0	0.0	0.0
	기타	(17)	11.8	17.6	17.6	11.8	5.9	17.6	17.6	0.0
	잘모르겠다	(2)	0.0	0.0	0.0	0.0	0.0	0.0	0.0	100.0
한국교회 신뢰도	매우 신뢰하는 편이다	(20)	10.0	0.0	10.0	35.0	5.0	25.0	5.0	10.0
	신뢰하는 편이다	(43)	7.0	18.6	30.2	14.0	4.7	16.3	7.0	2.3
	신뢰하지 않는 편이다	(18)	0.0	22.2	27.8	5.6	16.7	11.1	16.7	0.0
	전혀 신뢰하지 않는 편이다	(19)	5.3	26.3	26.3	10.5	0.0	21.1	10.5	0.0
	잘 모르겠다	(3)	0.0	0.0	66.7	0.0	0.0	33.3	0.0	0.0
한국교회 신뢰도	신뢰한다	(63)	7.9	12.7	23.8	20.6	4.8	19.0	6.3	4.8
	신뢰하지 않는다	(37)	2.7	24.3	27.0	8.1	8.1	16.2	13.5	0.0
	잘 모르겠다	(3)	0.0	0.0	66.7	0.0	0.0	33.3	0.0	0.0

10. 온라인 교회와 메타버스교회의 필요성 (개신교)

온라인 교회와 메타버스 교회의 필요성

온라인 교회와 메타버스 교회에 대하여 어떻게 생각하십니까? [개신교 n=103, 단위: %]

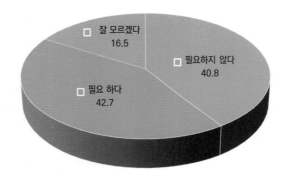

- 잘 모르겠다 16.5
- 필요하지 않다 40.8
- 필요 하다 42.7

■ 조사기간 : 2024년 2월 2일 ■ 조사대상 : 전국 만17세~28세 남녀 ■ 응답자수 : 528명 ■ 응답율:2.0%
■ 표본오차 : 95%신뢰수준 ± 4.3% ■ 조사방법 : 무선전화RDD100% 자동응답전화조사

【 표10 】 온라인 교회와 메타버스교회의 필요성 (개신교)

[단위: 명, %]

구분		사례수 (명)	필요하지 않다	필요하다	잘 모르겠다
전체(개신교)		(103)	40.8	42.7	16.5
연령	17,18,19세	(19)	42.1	31.6	26.3
	20,21,22세	(30)	40.0	46.7	13.3
	23,24,25세	(22)	18.2	59.1	22.7
	26,27,28세	(32)	56.3	34.4	9.4
성별	남성	(75)	45.3	40.0	14.7
	여성	(28)	28.6	50.0	21.4
소속	고등학생	(14)	42.9	35.7	21.4
	대학생	(41)	34.1	48.8	17.1
	직장인	(30)	43.3	43.3	13.3
	아직 직업이 없다	(18)	50.0	33.3	16.7
가장 큰 고민	진로와 진학 문제	(29)	37.9	48.3	13.8
	취업이나 이직 문제	(26)	38.5	34.6	26.9
	경제적 문제	(29)	51.7	48.3	0.0
	이성 문제	(2)	50.0	0.0	50.0
	인간관계 문제	(8)	37.5	50.0	12.5
	기타	(6)	33.3	33.3	33.3
	잘 모르겠다	(3)	0.0	33.3	66.7
가장 큰 흥미	게임	(8)	25.0	37.5	37.5
	유튜브	(9)	55.6	44.4	0.0
	SNS	(6)	66.7	33.3	0.0
	영화나 드라마	(7)	28.6	71.4	0.0
	친구	(11)	27.3	36.4	36.4
	돈을 버는 것	(35)	48.6	42.9	8.6
	건강	(8)	25.0	37.5	37.5
	기타	(17)	35.3	47.1	17.6
	잘모르겠다	(2)	50.0	0.0	50.0
한국교회 신뢰도	매우 신뢰하는 편이다	(20)	40.0	55.0	5.0
	신뢰하는 편이다	(43)	37.2	44.2	18.6
	신뢰하지 않는 편이다	(18)	33.3	44.4	22.2
	전혀 신뢰하지 않는 편이다	(19)	52.6	26.3	21.1
	잘 모르겠다	(3)	66.7	33.3	0.0
한국교회 신뢰도	신뢰한다	(63)	38.1	47.6	14.3
	신뢰하지 않는다	(37)	43.2	35.1	21.6
	잘 모르겠다	(3)	66.7	33.3	0.0

온라인 교회와 오프라인 교회의 병행

그렇다면 오프라인 교회와 온라인 교회를 병행하는 것에 대하여 어떻게 생각하십니까?
[개신교 n=103, 단위: %]

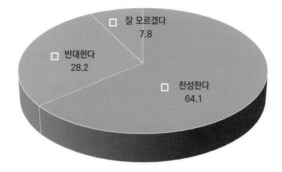

■ 조사기간 : 2024년 2월 2일　■ 조사대상 : 전국 만17세~28세 남녀　■ 응답자수 : 528명　■ 응답율:2.0%
■ 표본오차 : 95%신뢰수준 ± 4.3%　■ 조사방법 : 무선전화RDD100% 자동응답전화조사

【 표11 】 온라인 교회와 오프라인 교회의 병행 (개신교)

[단위: 명, %]

구분		사례수 (명)	찬성 한다	반대 한다	잘 모르겠다
전체(개신교)		(103)	64.1	28.2	7.8
연령	17,18,19세	(19)	47.4	47.4	5.3
	20,21,22세	(30)	66.7	30.0	3.3
	23,24,25세	(22)	63.6	18.2	18.2
	26,27,28세	(32)	71.9	21.9	6.3
성별	남성	(75)	64.0	29.3	6.7
	여성	(28)	64.3	25.0	10.7
소속	고등학생	(14)	42.9	57.1	0.0
	대학생	(41)	73.2	14.6	12.2
	직장인	(30)	66.7	23.3	10.0
	아직 직업이 없다	(18)	55.6	44.4	0.0
가장 큰 고민	진로와 진학 문제	(29)	82.8	13.8	3.4
	취업이나 이직 문제	(26)	69.2	23.1	7.7
	경제적 문제	(29)	58.6	34.5	6.9
	이성 문제	(2)	50.0	0.0	50.0
	인간관계 문제	(8)	25.0	62.5	12.5
	기타	(6)	50.0	33.3	16.7
	잘 모르겠다	(3)	33.3	66.7	0.0
가장 큰 흥미	게임	(8)	62.5	25.0	12.5
	유튜브	(9)	66.7	22.2	11.1
	SNS	(6)	50.0	16.7	33.3
	영화나 드라마	(7)	42.9	42.9	14.3
	친구	(11)	81.8	9.1	9.1
	돈을 버는 것	(35)	60.0	34.3	5.7
	건강	(8)	87.5	12.5	0.0
	기타	(17)	58.8	41.2	0.0
	잘모르겠다	(2)	100.0	0.0	0.0
한국교회 신뢰도	매우 신뢰하는 편이다	(20)	70.0	25.0	5.0
	신뢰하는 편이다	(43)	67.4	27.9	4.7
	신뢰하지 않는 편이다	(18)	61.1	33.3	5.6
	전혀 신뢰하지 않는 편이다	(19)	52.6	31.6	15.8
	잘 모르겠다	(3)	66.7	0.0	33.3
한국교회 신뢰도	신뢰한다	(63)	68.3	27.0	4.8
	신뢰하지 않는다	(37)	56.8	32.4	10.8
	잘 모르겠다	(3)	66.7	0.0	33.3

12. 가장 큰 고민 (개신교 이외)

가장 큰 고민

선생님의 가장 큰 고민은 무엇인가? [개신교 이외 n=425, 단위: %]

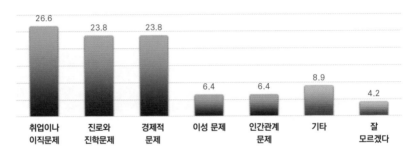

- 조사기간 : 2024년 2월 2일 ■ 조사대상 : 전국 만17세~28세 남녀 ■ 응답자수 : 528명 ■ 응답률 : 2.0%
- 표본오차 : 95%신뢰수준 ± 4.3% ■ 조사방법 : 무선전화RDD100% 자동응답전화조사

【 표12 】가장 큰 고민 (개신교 이외)

[단위: 명, %]

구분		사례수 (명)	진로와 진학 문제	취업이나 이직 문제	경제적 문제	이성 문제	인간 관계 문제	기타	잘 모르겠다
전체(개신교 이외)		(425)	23.8	26.6	23.8	6.4	6.4	8.9	4.2
연령	17,18,19세	(76)	36.8	14.5	17.1	7.9	9.2	11.8	2.6
	20,21,22세	(102)	26.5	18.6	21.6	8.8	4.9	12.7	6.9
	23,24,25세	(103)	23.3	28.2	22.3	6.8	8.7	6.8	3.9
	26,27,28세	(144)	15.3	37.5	29.9	3.5	4.2	6.3	3.5
성별	남성	(304)	26.0	25.0	22.4	5.9	6.6	9.5	4.6
	여성	(121)	18.2	30.6	27.3	7.4	5.8	7.4	3.3
소속	고등학생	(51)	51.0	7.8	9.8	9.8	13.7	3.9	3.9
	대학생	(159)	31.4	24.5	18.2	6.9	9.4	8.2	1.3
	직장인	(135)	5.9	28.9	40.7	8.1	3.0	10.4	3.0
	아직 직업이 없다	(80)	21.3	38.8	15.0	0.0	1.3	11.3	12.5
가장 큰 고민	진로와 진학 문제	(101)	100.0	0.0	0.0	0.0	0.0	0.0	0.0
	취업이나 이직 문제	(113)	0.0	100.0	0.0	0.0	0.0	0.0	0.0
	경제적 문제	(101)	0.0	0.0	100.0	0.0	0.0	0.0	0.0
	이성 문제	(27)	0.0	0.0	0.0	100.0	0.0	0.0	0.0
	인간관계 문제	(27)	0.0	0.0	0.0	0.0	100.0	0.0	0.0
	기타	(38)	0.0	0.0	0.0	0.0	0.0	100.0	0.0
	잘 모르겠다	(18)	0.0	0.0	0.0	0.0	0.0	0.0	100.0
가장 큰 흥미	게임	(36)	19.4	25.0	16.7	13.9	16.7	8.3	0.0
	유튜브	(36)	22.2	25.0	19.4	5.6	13.9	11.1	2.8
	SNS	(23)	13.0	21.7	21.7	17.4	13.0	4.3	8.7
	영화나 드라마	(31)	19.4	25.8	25.8	3.2	6.5	9.7	9.7
	친구	(38)	31.6	21.1	7.9	15.8	13.2	5.3	5.3
	돈을 버는 것	(144)	22.9	31.9	33.3	4.9	2.1	3.5	1.4
	건강	(55)	23.6	21.8	21.8	3.6	5.5	18.2	5.5
	기타	(49)	28.6	30.6	18.4	0.0	0.0	16.3	6.1
	잘모르겠다	(13)	38.5	7.7	23.1	0.0	0.0	15.4	15.4
한국교회 신뢰도	매우 신뢰하는 편이다	(10)	10.0	10.0	10.0	30.0	30.0	0.0	10.0
	신뢰하는 편이다	(37)	32.4	27.0	18.9	5.4	8.1	5.4	2.7
	신뢰하지 않는 편이다	(112)	31.3	25.9	24.1	4.5	4.5	7.1	2.7
	전혀 신뢰하지 않는 편이다	(222)	16.2	31.1	24.3	7.2	6.3	11.3	3.6
	잘 모르겠다	(44)	38.6	9.1	27.3	2.3	4.5	6.8	11.4
한국교회 신뢰도	신뢰한다	(47)	27.7	23.4	17.0	10.6	12.8	4.3	4.3
	신뢰하지 않는다	(334)	21.3	29.3	24.3	6.3	5.7	9.9	3.3
	잘 모르겠다	(44)	38.6	9.1	27.3	2.3	4.5	6.8	11.4
종교	천주교	(50)	32.0	18.0	32.0	0.0	8.0	6.0	4.0
	불교	(74)	12.2	29.7	29.7	8.1	9.5	9.5	1.4
	기타 종교	(25)	16.0	28.0	16.0	16.0	8.0	16.0	0.0
	없다	(276)	26.1	27.2	21.4	6.2	5.1	8.7	5.4

13. 가장 큰 흥미 (개신교 이외)

가장 큰 흥미

다음 중 선생님이 현재 가장 흥미를 가지고 있는 것 한 가지만 고른다면 무엇입니까?
[개신교 이외 n=425, 단위: %]

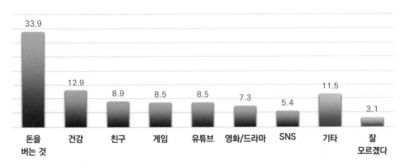

■ 조사기간 : 2024년 2월 2일   ■ 조사대상 : 전국 만17세~28세 남녀   ■ 응답자수 : 528명   ■ 응답률 : 2.0%
■ 표본오차 : 95%신뢰수준 ± 4.3%   ■ 조사방법 : 무선전화RDD100% 자동응답전화조사

【 표13 】 가장 큰 흥미 (개신교 이외)

[단위: 명, %]

구분		사례수(명)	게임	유튜브	SNS	영화나 드라마	친구	돈을 버는 것	건강	기타	잘 모르겠다
전체(개신교 이외)		(425)	8.5	8.5	5.4	7.3	8.9	33.9	12.9	11.5	3.1
연령	17,18,19세	(76)	11.8	10.5	9.2	3.9	7.9	26.3	14.5	10.5	5.3
	20,21,22세	(102)	7.8	10.8	5.9	2.9	13.7	35.3	9.8	10.8	2.9
	23,24,25세	(103)	11.7	6.8	4.9	12.6	7.8	24.3	16.5	10.7	4.9
	26,27,28세	(144)	4.9	6.9	3.5	8.3	6.9	43.8	11.8	13.2	0.7
성별	남성	(304)	9.9	8.2	5.3	6.6	8.9	32.6	13.8	11.8	3.0
	여성	(121)	5.0	9.1	5.8	9.1	9.1	37.2	10.7	10.7	3.3
소속	고등학생	(51)	9.8	11.8	7.8	7.8	17.6	21.6	11.8	9.8	2.0
	대학생	(159)	11.3	8.2	8.2	7.5	8.8	28.9	13.8	10.1	3.1
	직장인	(135)	6.7	8.1	3.0	5.2	8.1	43.0	12.6	11.9	1.5
	아직 직업이 없다	(80)	5.0	7.5	2.5	10.0	5.0	36.3	12.5	15.0	6.3
가장 큰 고민	진로와 진학 문제	(101)	6.9	7.9	3.0	5.9	11.9	32.7	12.9	13.9	5.0
	취업이나 이직 문제	(113)	8.0	8.0	4.4	7.1	7.1	40.7	10.6	13.3	0.9
	경제적 문제	(101)	5.9	6.9	5.0	7.9	3.0	47.5	11.9	8.9	3.0
	이성 문제	(27)	18.5	7.4	14.8	3.7	22.2	25.9	7.4	0.0	0.0
	인간관계 문제	(27)	22.2	18.5	11.1	7.4	18.5	11.1	11.1	0.0	0.0
	기타	(38)	7.9	10.5	2.6	7.9	5.3	13.2	26.3	21.1	5.3
	잘 모르겠다	(18)	0.0	5.6	11.1	16.7	11.1	11.1	16.7	16.7	11.1
가장 큰 흥미	게임	(36)	100.0	0.0	0.0	0.0	0.0	0.0	0.0	0.0	0.0
	유튜브	(36)	0.0	100.0	0.0	0.0	0.0	0.0	0.0	0.0	0.0
	SNS	(23)	0.0	0.0	100.0	0.0	0.0	0.0	0.0	0.0	0.0
	영화나 드라마	(31)	0.0	0.0	0.0	100.0	0.0	0.0	0.0	0.0	0.0
	친구	(38)	0.0	0.0	0.0	0.0	100.0	0.0	0.0	0.0	0.0
	돈을 버는 것	(144)	0.0	0.0	0.0	0.0	0.0	100.0	0.0	0.0	0.0
	건강	(55)	0.0	0.0	0.0	0.0	0.0	0.0	100.0	0.0	0.0
	기타	(49)	0.0	0.0	0.0	0.0	0.0	0.0	0.0	100.0	0.0
	잘모르겠다	(13)	0.0	0.0	0.0	0.0	0.0	0.0	0.0	0.0	100.0
한국교회 신뢰도	매우 신뢰하는 편이다	(10)	0.0	0.0	30.0	0.0	20.0	30.0	10.0	10.0	0.0
	신뢰하는 편이다	(37)	8.1	5.4	2.7	10.8	5.4	32.4	18.9	16.2	0.0
	신뢰하지 않는 편이다	(112)	6.3	8.9	4.5	9.8	12.5	31.3	13.4	8.9	4.5
	전혀 신뢰하지 않는 편이다	(222)	10.4	8.1	5.9	6.3	7.7	37.8	11.7	10.4	1.8
	잘 모르겠다	(44)	6.8	13.6	2.3	4.5	6.8	22.7	13.6	20.5	9.1
한국교회 신뢰도	신뢰한다	(47)	6.4	4.3	8.5	8.5	8.5	31.9	17.0	14.9	0.0
	신뢰하지 않는다	(334)	9.0	8.4	5.4	7.5	9.3	35.6	12.3	9.9	2.7
	잘 모르겠다	(44)	6.8	13.6	2.3	4.5	6.8	22.7	13.6	20.5	9.1
종교	천주교	(50)	8.0	6.0	6.0	4.0	6.0	30.0	18.0	20.0	2.0
	불교	(74)	4.1	9.5	6.8	9.5	5.4	33.8	21.6	5.4	4.1
	기타 종교	(25)	12.0	8.0	12.0	8.0	20.0	28.0	4.0	8.0	0.0
	없다	(276)	9.4	8.7	4.3	7.2	9.4	35.1	10.5	12.0	3.3

14. 한국교회 신뢰도 (개신교 이외)

한국교회 신뢰도

선생님은 한국교회에 대하여 어느 정도 신뢰를 가지고 있습니까? [개신교 이외 n=425, 단위: %]

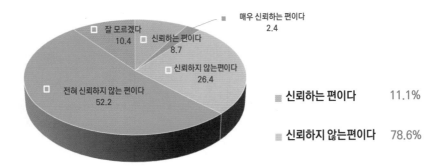

매우 신뢰하는 편이다
2.4

잘 모르겠다
10.4

신뢰하는 편이다
8.7

신뢰하지 않는편이다
26.4

전혀 신뢰하지 않는 편이다
52.2

■ **신뢰하는 편이다** 11.1%

■ **신뢰하지 않는편이다** 78.6%

■ 조사기간 : 2024년 2월 2일　■ 조사대상 : 전국 만17세~28세 남녀　■ 응답자수 : 528명　■ 응답율:2.0%
■ 표본오차 : 95%신뢰수준 ± 4.3%　■ 조사방법 : 무선전화RDD100% 자동응답전화조사

【 표14 】한국교회 신뢰도 (개신교 이외)

[단위: 명, %]

구분		사례수 (명)	신뢰한다	신뢰하지 않는다	잘 모르겠다	매우 신뢰 하는 편이다	신뢰하는 편이다	신뢰하지 않는 편이다	전혀 신뢰 하지 않는 편이다
전체(개신교 이외)		(425)	11.1	78.6	10.4	2.4	8.7	26.4	52.2
연령	17,18,19세	(76)	18.4	69.7	11.8	5.3	13.2	19.7	50.0
	20,21,22세	(102)	9.8	78.4	11.8	4.9	4.9	28.4	50.0
	23,24,25세	(103)	9.7	81.6	8.7	1.0	8.7	27.2	54.4
	26,27,28세	(144)	9.0	81.3	9.7	0.0	9.0	27.8	53.5
성별	남성	(304)	10.9	79.9	9.2	2.3	8.6	25.0	54.9
	여성	(121)	11.6	75.2	13.2	2.5	9.1	29.8	45.5
소속	고등학생	(51)	15.7	70.6	13.7	5.9	9.8	19.6	51.0
	대학생	(159)	10.1	83.0	6.9	2.5	7.5	26.4	56.6
	직장인	(135)	10.4	80.7	8.9	2.2	8.1	29.6	51.1
	아직 직업이 없다	(80)	11.3	71.3	17.5	0.0	11.3	25.0	46.3
가장 큰 고민	진로와 진학 문제	(101)	12.9	70.3	16.8	1.0	11.9	34.7	35.6
	취업이나 이직 문제	(113)	9.7	86.7	3.5	0.9	8.8	25.7	61.1
	경제적 문제	(101)	7.9	80.2	11.9	1.0	6.9	26.7	53.5
	이성 문제	(27)	18.5	77.8	3.7	11.1	7.4	18.5	59.3
	인간관계 문제	(27)	22.2	70.4	7.4	11.1	11.1	18.5	51.9
	기타	(38)	5.3	86.8	7.9	0.0	5.3	21.1	65.8
	잘 모르겠다	(18)	11.1	61.1	27.8	5.6	5.6	16.7	44.4
가장 큰 흥미	게임	(36)	8.3	83.3	8.3	0.0	8.3	19.4	63.9
	유튜브	(36)	5.6	77.8	16.7	0.0	5.6	27.8	50.0
	SNS	(23)	17.4	78.3	4.3	13.0	4.3	21.7	56.5
	영화나 드라마	(31)	12.9	80.6	6.5	0.0	12.9	35.5	45.2
	친구	(38)	10.5	81.6	7.9	5.3	5.3	36.8	44.7
	돈을 버는 것	(144)	10.4	82.6	6.9	2.1	8.3	24.3	58.3
	건강	(55)	14.5	74.5	10.9	1.8	12.7	27.3	47.3
	기타	(49)	14.3	67.3	18.4	2.0	12.2	20.4	46.9
	잘모르겠다	(13)	0.0	69.2	30.8	0.0	0.0	38.5	30.8
한국교회 신뢰도	매우 신뢰하는 편이다	(10)	100.0	0.0	0.0	100.0	0.0	0.0	0.0
	신뢰하는 편이다	(37)	100.0	0.0	0.0	0.0	100.0	0.0	0.0
	신뢰하지 않는 편이다	(112)	0.0	100.0	0.0	0.0	0.0	100.0	0.0
	전혀 신뢰하지 않는 편이다	(222)	0.0	100.0	0.0	0.0	0.0	0.0	100.0
	잘 모르겠다	(44)	0.0	0.0	100.0	0.0	0.0	0.0	0.0
한국교회 신뢰도	신뢰한다	(47)	100.0	0.0	0.0	21.3	78.7	0.0	0.0
	신뢰하지 않는다	(334)	0.0	100.0	0.0	0.0	0.0	33.5	66.5
	잘 모르겠다	(44)	0.0	0.0	100.0	0.0	0.0	0.0	0.0
종교	천주교	(50)	22.0	68.0	10.0	4.0	18.0	26.0	42.0
	불교	(74)	14.9	74.3	10.8	2.7	12.2	21.6	52.7
	기타 종교	(25)	28.0	72.0	0.0	16.0	12.0	20.0	52.0
	없다	(276)	6.5	82.2	11.2	0.7	5.8	28.3	54.0

15. 교회 호감도 (개신교 이외)

교회 호감도

그렇다면 선생님이 교회에 대하여 가지는 호감은 어떻습니까? [개신교 이외 n=425, 단위: %]

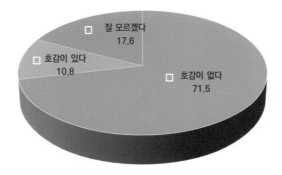

■ 조사기간 : 2024년 2월 2일   ■ 조사대상 : 전국 만17세~28세 남녀   ■ 응답자수 : 528명   ■ 응답율:2.0%
■ 표본오차 : 95%신뢰수준 ± 4.3%   ■ 조사방법 : 무선전화RDD100% 자동응답전화조사

【 표15 】교회 호감도 (개신교 이외)

[단위: 명, %]

	구분	사례수 (명)	호감이 있다	호감이 없다	잘 모르겠다
	전체(개신교 이외)	(425)	10.8	71.5	17.6
연령	17,18,19세	(76)	19.7	60.5	19.7
	20,21,22세	(102)	13.7	66.7	19.6
	23,24,25세	(103)	7.8	77.7	14.6
	26,27,28세	(144)	6.3	76.4	17.4
성별	남성	(304)	11.2	71.7	17.1
	여성	(121)	9.9	71.1	19.0
소속	고등학생	(51)	19.6	54.9	25.5
	대학생	(159)	10.1	78.6	11.3
	직장인	(135)	8.9	71.9	19.3
	아직 직업이 없다	(80)	10.0	67.5	22.5
가장 큰 고민	진로와 진학 문제	(101)	13.9	65.3	20.8
	취업이나 이직 문제	(113)	5.3	78.8	15.9
	경제적 문제	(101)	8.9	71.3	19.8
	이성 문제	(27)	11.1	77.8	11.1
	인간관계 문제	(27)	22.2	66.7	11.1
	기타	(38)	18.4	68.4	13.2
	잘 모르겠다	(18)	5.6	66.7	27.8
가장 큰 흥미	게임	(36)	11.1	83.3	5.6
	유튜브	(36)	8.3	63.9	27.8
	SNS	(23)	13.0	78.3	8.7
	영화나 드라마	(31)	9.7	71.0	19.4
	친구	(38)	7.9	63.2	28.9
	돈을 버는 것	(144)	7.6	75.0	17.4
	건강	(55)	21.8	60.0	18.2
	기타	(49)	12.2	73.5	14.3
	잘모르겠다	(13)	7.7	76.9	15.4
한국교회 신뢰도	매우 신뢰하는 편이다	(10)	70.0	30.0	0.0
	신뢰하는 편이다	(37)	45.9	18.9	35.1
	신뢰하지 않는 편이다	(112)	5.4	67.9	26.8
	전혀 신뢰하지 않는 편이다	(222)	5.0	87.8	7.2
	잘 모르겠다	(44)	11.4	52.3	36.4
한국교회 신뢰도	신뢰한다	(47)	51.1	21.3	27.7
	신뢰하지 않는다	(334)	5.1	81.1	13.8
	잘 모르겠다	(44)	11.4	52.3	36.4
종교	천주교	(50)	30.0	50.0	20.0
	불교	(74)	16.2	64.9	18.9
	기타 종교	(25)	16.0	68.0	16.0
	없다	(276)	5.4	77.5	17.0

16. 교회 호감이 없는 이유 (개신교 이외, 개신교에 호감 없다)

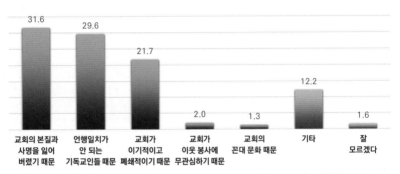

교회 호감이 없는 이유

다음 중 선생님이 현재 가장 흥미를 가지고 있는 것 한 가지만 고른다면 무엇입니까?
[개신교 이외, 개신교에 호감 없다 n=304, 단위: %]

교회의 본질과 사명을 잃어버렸기 때문	언행일치가 안 되는 기독교인들 때문	교회가 이기적이고 폐쇄적이기 때문	교회가 이웃 봉사에 무관심하기 때문	교회의 꼰대 문화 때문	기타	잘 모르겠다
31.6	29.6	21.7	2.0	1.3	12.2	1.6

■ 조사기간 : 2024년 2월 2일   ■ 조사대상 : 전국 만17세~28세 남녀   ■ 응답자수 : 528명   ■ 응답률 : 2.0%
■ 표본오차 : 95%신뢰수준 ± 4.3%   ■ 조사방법 : 무선전화RDD100% 자동응답전화조사

【 표16 】 교회 호감이 없는 이유 (개신교 이외)

[단위: 명, %]

구분		사례수 (명)	교회가 이기적이고 폐쇄적이기 때문	교회가 이웃 봉사에 무관심하기 때문	본질과 사명을 잃어 버렸기 때문	언행일치가 안되는 기독교인들 때문	교회의 꼰대 문화 때문	기타	잘 모르겠다
전체 (개신교 이외) (개신교 호감 없다)		(304)	21.7	2.0	31.6	29.6	1.3	12.2	1.6
연령	17,18,19세	(46)	21.7	4.3	21.7	32.6	2.2	15.2	2.2
	20,21,22세	(68)	20.6	2.9	41.2	19.1	0.0	16.2	0.0
	23,24,25세	(80)	20.0	1.3	36.3	26.3	1.3	12.5	2.5
	26,27,28세	(110)	23.6	0.9	26.4	37.3	1.8	8.2	1.8
성별	남성	(218)	23.4	2.3	30.7	29.4	1.4	11.9	0.9
	여성	(86)	17.4	1.2	33.7	30.2	1.2	12.8	3.5
소속	고등학생	(28)	21.4	3.6	21.4	21.4	3.6	28.6	0.0
	대학생	(125)	21.6	2.4	32.8	32.0	0.8	9.6	0.8
	직장인	(97)	22.7	2.1	32.0	33.0	1.0	7.2	2.1
	아직 직업이 없다	(54)	20.4	0.0	33.3	22.2	1.9	18.5	3.7
가장 큰 고민	진로와 진학 문제	(66)	15.2	1.5	36.4	28.8	0.0	16.7	1.5
	취업이나 이직 문제	(89)	21.3	0.0	33.7	32.6	0.0	10.1	2.2
	경제적 문제	(72)	25.0	4.2	22.2	36.1	2.8	8.3	1.4
	이성 문제	(21)	23.8	0.0	33.3	28.6	9.5	4.8	0.0
	인간관계 문제	(18)	16.7	11.1	33.3	16.7	0.0	22.2	0.0
	기타	(26)	30.8	0.0	34.6	19.2	0.0	11.5	3.8
	잘 모르겠다	(12)	25.0	0.0	33.3	16.7	0.0	25.0	0.0
가장 큰 흥미	게임	(30)	20.0	3.3	26.7	33.3	3.3	13.3	0.0
	유튜브	(23)	17.4	0.0	39.1	34.8	0.0	8.7	0.0
	SNS	(18)	33.3	11.1	27.8	16.7	0.0	11.1	0.0
	영화나 드라마	(22)	18.2	4.5	18.2	18.2	9.1	22.7	9.1
	친구	(24)	12.5	0.0	41.7	29.2	0.0	16.7	0.0
	돈을 버는 것	(108)	23.1	0.9	36.1	28.7	0.0	9.3	1.9
	건강	(33)	30.3	0.0	18.2	45.5	0.0	6.1	0.0
	기타	(36)	11.1	2.8	30.6	33.3	2.8	19.4	0.0
	잘모르겠다	(10)	40.0	0.0	40.0	0.0	0.0	10.0	10.0
한국교회 신뢰도	매우 신뢰하는 편이다	(3)	0.0	33.3	33.3	33.3	0.0	0.0	0.0
	신뢰하는 편이다	(7)	0.0	0.0	28.6	28.6	14.3	28.6	0.0
	신뢰하지 않는 편이다	(76)	26.3	2.6	27.6	28.9	0.0	10.5	3.9
	전혀 신뢰하지 않는 편이다	(195)	22.1	1.0	34.4	30.8	1.5	9.7	0.5
	잘 모르겠다	(23)	13.0	4.3	21.7	21.7	0.0	34.8	4.3
한국교회 신뢰도	신뢰한다	(10)	0.0	10.0	30.0	30.0	10.0	20.0	0.0
	신뢰하지 않는다	(271)	23.2	1.5	32.5	30.3	1.1	10.0	1.5
	잘 모르겠다	(23)	13.0	4.3	21.7	21.7	0.0	34.8	4.3
종교	천주교	(25)	40.0	0.0	28.0	28.0	4.0	0.0	0.0
	불교	(48)	31.3	6.3	35.4	25.0	0.0	2.1	0.0
	기타 종교	(17)	11.8	5.9	41.2	29.4	11.8	0.0	0.0
	없다	(214)	18.2	0.9	30.4	30.8	0.5	16.8	2.3

17. 교회 호감이 있는 이유 (개신교 이외, 개신교에 호감 있다)

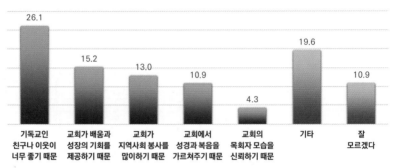

교회 호감이 있는 이유

다음 중 선생님이 현재 가장 흥미를 가지고 있는 것 한 가지만 고른다면 무엇입니까?
[개신교 이외, 개신교에 호감 있다 n=46, 단위: %]

- 기독교인 친구나 이웃이 너무 좋기 때문 26.1
- 교회가 배움과 성장의 기회를 제공하기 때문 15.2
- 교회가 지역사회 봉사를 많이하기 때문 13.0
- 교회에서 성경과 복음을 가르쳐주기 때문 10.9
- 교회의 목회자 모습을 신뢰하기 때문 4.3
- 기타 19.6
- 잘 모르겠다 10.9

■ 조사기간 : 2024년 2월 2일　■ 조사대상 : 전국 만17세~28세 남녀　■ 응답자수 : 528명　■ 응답률 : 2.0%
■ 표본오차 : 95%신뢰수준 ± 4.3%　■ 조사방법 : 무선전화RDD100% 자동응답전화조사

【 표17 】교회 호감이 있는 이유 (개신교 이외)

[단위: 명, %]

구분		사례수 (명)	교회가 지역사회 봉사를 많이 하기 때문	기독교인 친구나 이웃이 너무 좋기 때문	교회에서 성경과 복음을 가르쳐주기 때문	교회의 목회자 모습을 신뢰하기 때문	배움과 성장의 기회를 제공하기 때문	기타	잘 모르겠다
전체 (개신교 이외) (개신교 호감 있다)		(46)	13.0	26.1	10.9	4.3	15.2	19.6	10.9
연령	17,18,19세	(15)	20.0	33.3	6.7	6.7	13.3	13.3	6.7
	20,21,22세	(14)	0.0	50.0	14.3	0.0	14.3	14.3	7.1
	23,24,25세	(8)	12.5	0.0	12.5	0.0	12.5	37.5	25.0
	26,27,28세	(9)	22.2	0.0	11.1	11.1	22.2	22.2	11.1
성별	남성	(34)	11.8	23.5	14.7	5.9	17.6	17.6	8.8
	여성	(12)	16.7	33.3	0.0	0.0	8.3	25.0	16.7
소속	고등학생	(10)	30.0	20.0	0.0	0.0	20.0	20.0	10.0
	대학생	(16)	6.3	37.5	25.0	0.0	12.5	12.5	6.3
	직장인	(12)	16.7	25.0	0.0	8.3	8.3	25.0	16.7
	아직 직업이 없다	(8)	0.0	12.5	12.5	12.5	25.0	25.0	12.5
가장 큰 고민	진로와 진학 문제	(14)	28.6	21.4	7.1	0.0	7.1	28.6	7.1
	취업이나 이직 문제	(6)	16.7	16.7	16.7	0.0	33.3	16.7	0.0
	경제적 문제	(9)	0.0	22.2	11.1	11.1	22.2	11.1	22.2
	이성 문제	(3)	0.0	66.7	0.0	0.0	33.3	0.0	0.0
	인간관계 문제	(6)	16.7	33.3	0.0	0.0	16.7	16.7	16.7
	기타	(7)	0.0	14.3	28.6	14.3	0.0	28.6	14.3
	잘 모르겠다	(1)	0.0	100.0	0.0	0.0	0.0	0.0	0.0
가장 큰 흥미	게임	(4)	0.0	75.0	0.0	0.0	25.0	0.0	0.0
	유튜브	(3)	0.0	66.7	0.0	0.0	0.0	33.3	0.0
	SNS	(3)	33.3	66.7	0.0	0.0	0.0	0.0	0.0
	영화나 드라마	(3)	33.3	0.0	33.3	0.0	33.3	0.0	0.0
	친구	(3)	0.0	0.0	0.0	0.0	33.3	66.7	0.0
	돈을 버는 것	(11)	27.3	27.3	9.1	0.0	9.1	9.1	18.2
	건강	(12)	8.3	0.0	25.0	8.3	16.7	16.7	25.0
	기타	(6)	0.0	33.3	0.0	16.7	16.7	33.3	0.0
	잘모르겠다	(1)	0.0	0.0	0.0	0.0	0.0	100.0	0.0
한국교회 신뢰도	매우 신뢰하는 편이다	(7)	0.0	57.1	14.3	0.0	14.3	14.3	0.0
	신뢰하는 편이다	(17)	17.6	35.3	11.8	5.9	11.8	11.8	5.9
	신뢰하지 않는 편이다	(6)	0.0	0.0	16.7	0.0	0.0	66.7	16.7
	전혀 신뢰하지 않는 편이다	(11)	18.2	0.0	9.1	9.1	27.3	18.2	18.2
	잘 모르겠다	(5)	20.0	40.0	0.0	0.0	20.0	0.0	20.0
한국교회 신뢰도	신뢰한다	(24)	12.5	41.7	12.5	4.2	12.5	12.5	4.2
	신뢰하지 않는다	(17)	11.8	0.0	11.8	5.9	17.6	35.3	17.6
	잘 모르겠다	(5)	20.0	40.0	0.0	0.0	20.0	0.0	20.0
종교	천주교	(15)	6.7	26.7	6.7	0.0	20.0	20.0	20.0
	불교	(12)	16.7	16.7	8.3	16.7	16.7	16.7	8.3
	기타 종교	(4)	0.0	50.0	0.0	0.0	25.0	25.0	0.0
	없다	(15)	20.0	26.7	20.0	0.0	6.7	20.0	6.7

기독교를 종교로 가질 의향

기회가 된다면 본인의 종교로 기도교를 선택할 의향이 있습니까? [개신교 이외 n=425, 단위: %]

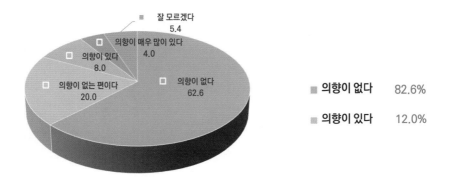

- 잘 모르겠다 5.4
- 의향이 매우 많이 있다 4.0
- 의향이 있다 8.0
- 의향이 없는 편이다 20.0
- 의향이 없다 62.6

■ **의향이 없다** 82.6%

■ **의향이 있다** 12.0%

■ 조사기간 : 2024년 2월 2일   ■ 조사대상 : 전국 만17세~28세 남녀   ■ 응답자수 : 528명   ■응답율:2.0%
■ 표본오차 : 95%신뢰수준 ± 4.3%   ■조사방법 : 무선전화RDD100% 자동응답전화조사

【 표18 】 기독교를 종교로 가질 의향 (개신교 이외)

[단위: 명, %]

구분		사례수 (명)	의향 있다	의향 없다	잘 모르겠다	의향이 매우 많다	의향이 어느 정도 있다	의향이 없는 편이다	의향이 전혀 없다
전체(개신교 이외)		(425)	12.0	82.6	5.4	4.0	8.0	20.0	62.6
연령	17,18,19세	(76)	14.5	78.9	6.6	5.3	9.2	23.7	55.3
	20,21,22세	(102)	12.7	83.3	3.9	4.9	7.8	16.7	66.7
	23,24,25세	(103)	10.7	82.5	6.8	3.9	6.8	16.5	66.0
	26,27,28세	(144)	11.1	84.0	4.9	2.8	8.3	22.9	61.1
성별	남성	(304)	11.2	83.9	4.9	3.3	7.9	19.4	64.5
	여성	(121)	14.0	79.3	6.6	5.8	8.3	21.5	57.9
소속	고등학생	(51)	21.6	76.5	2.0	9.8	11.8	21.6	54.9
	대학생	(159)	8.8	85.5	5.7	4.4	4.4	22.0	63.5
	직장인	(135)	12.6	82.2	5.2	2.2	10.4	14.1	68.1
	아직 직업이 없다	(80)	11.3	81.3	7.5	2.5	8.8	25.0	56.3
가장 큰 고민	진로와 진학 문제	(101)	13.9	82.2	4.0	5.0	8.9	22.8	59.4
	취업이나 이직 문제	(113)	6.2	91.2	2.7	1.8	4.4	24.8	66.4
	경제적 문제	(101)	16.8	74.3	8.9	3.0	13.9	14.9	59.4
	이성 문제	(27)	14.8	81.5	3.7	11.1	3.7	7.4	74.1
	인간관계 문제	(27)	14.8	77.8	7.4	7.4	7.4	25.9	51.9
	기타	(38)	10.5	86.8	2.6	2.6	7.9	15.8	71.1
	잘 모르겠다	(18)	5.6	77.8	16.7	5.6	0.0	22.2	55.6
가장 큰 흥미	게임	(36)	16.7	75.0	8.3	5.6	11.1	11.1	63.9
	유튜브	(36)	11.1	88.9	0.0	0.0	11.1	27.8	61.1
	SNS	(23)	8.7	82.6	8.7	4.3	4.3	17.4	65.2
	영화나 드라마	(31)	6.5	87.1	6.5	6.5	0.0	35.5	51.6
	친구	(38)	5.3	94.7	0.0	2.6	2.6	36.8	57.9
	돈을 버는 것	(144)	12.5	81.9	5.6	4.2	8.3	14.6	67.4
	건강	(55)	14.5	81.8	3.6	5.5	9.1	23.6	58.2
	기타	(49)	12.2	79.6	8.2	4.1	8.2	14.3	65.3
	잘모르겠다	(13)	23.1	61.5	15.4	0.0	23.1	7.7	53.8
한국교회 신뢰도	매우 신뢰하는 편이다	(10)	40.0	50.0	10.0	40.0	0.0	20.0	30.0
	신뢰하는 편이다	(37)	35.1	54.1	10.8	10.8	24.3	43.2	10.8
	신뢰하지 않는 편이다	(112)	12.5	83.9	3.6	1.8	10.7	28.6	55.4
	전혀 신뢰하지 않는 편이다	(222)	5.4	91.9	2.7	2.3	3.2	11.7	80.2
	잘 모르겠다	(44)	18.2	63.6	18.2	4.5	13.6	20.5	43.2
한국교회 신뢰도	신뢰한다	(47)	36.2	53.2	10.6	17.0	19.1	38.3	14.9
	신뢰하지 않는다	(334)	7.8	89.2	3.0	2.1	5.7	17.4	71.9
	잘 모르겠다	(44)	18.2	63.6	18.2	4.5	13.6	20.5	43.2
종교	천주교	(50)	18.0	76.0	6.0	6.0	12.0	22.0	54.0
	불교	(74)	13.5	82.4	4.1	2.7	10.8	14.9	67.6
	기타 종교	(25)	32.0	68.0	0.0	24.0	8.0	20.0	48.0
	없다	(276)	8.7	85.1	6.2	2.2	6.5	21.0	64.1

설문지

Z 세대 종교 인식도 조사

안녕하십니까? 저희는 서울에 소재하는 여론조사공정이며, 대표번호는 02-2632-5020 입니다. 종교 현안에 관하여 17세이상, 28세이하 청년세대들의 의견을 알아보고자 합니다. 잠시만 시간을 내어 응답해 주시면 감사하겠습니다.

Part1. Screen 문항(응답자 특성 설문)

문 01. [연령]
선생님의 나이는 어떻게 되십니까?

 1) 16세 이하 (-)조사중단)　　　　2) 17,18,19세
 3) 20,21,22세　　　　　　　　　4) 23,24,25세
 5) 26,27,28세　　　　　　　　　6) 29세 이상 (-)조사중단)

문 02. [성별]
선생님의 성별은 어떻게 되십니까?

 1) 남성　　　　　　　2) 여성

문 03. [소속]
현재 선생님의 소속은 어디입니까?

 1) 고등학생　　　　　　2) 대학생
 3) 직장인　　　　　　　4) 아직 직업이 없다

Part2. 본 설문

문 04. [가장 큰 고민]

현재 선생님의 가장 큰 고민은 무엇인가? (1~5순환)

1) 진로와 진학 문제   2) 취업이나 이직 문제
3) 경제적 문제   4) 이성 문제
5) 인간관계 문제   6) 기타
7) 잘 모르겠다

문 05. [가장 큰 흥미]

다음 중 선생님이 현재 가장 흥미를 가지고 있는 것 한 가지만 고른다면 무엇입니까? (1~7순환)

1) 게임   2) 유튜브   3) SNS
4) 영화나 드라마   5) 친구   6) 돈을 버는 것
7) 건강   8) 기타   9) 잘모르겠다

문 06. [한국교회 신뢰도]

선생님은 한국교회에 대하여 어느 정도 신뢰를 가지고 있습니까?

(정순,역순 순환)

정순	역순
1) 매우 신뢰하는 편이다	1) 전혀 신뢰하지 않는 편이다.
2) 신뢰하는 편이다	2) 신뢰하지 않는 편이다
3) 신뢰하지 않는 편이다	3) 신뢰하는 편이다
4) 전혀 신뢰하지 않는 편이다.	4) 매우 신뢰하는 편이다
5) 잘 모르겠다	5) 잘 모르겠다

문 07. [종교]

선생님은 현재 종교는 무엇입니까? (1~3 순환)

 1) 개신교   2) 천주교   3) 불교   4) 기타종교
 5) 없다

*'개신교'라고 응답한 대상 8~11번 문항 조사
* 나머지는 응답자는 12~15번 문항 조사

문 08. [교회 출석 빈도]

그렇다면 교회 출석은 어느 정도 하고 계십니까?

 1) 매 주일 출석   2) 한 달에 2~3번 정도
 3) 한 달에 한번 정도   4) 2~3개월에 한번 정도
 5) 기타

문 9. [교회의 개선점]

교회가 가장 먼저 개선해야 할 점 한 가지만 꼽는다면 다음 중 어는 것입니까? (1~6순환)

 1) 지역사회 봉사 부족   2) 목회자의 권위주의
 3) 팽창주의와 물질주의   4) 영성 회복
 5) 교회 내의 공정성 회복   6) 사회 공공성 회복
 7) 기타   8) 잘 모르겠다

문 10. [온라인 교회와 메타버스교회의 필요성]

온라인 교회와 메타버스 교회에 대하여 어떻게 생각하십니까? (1~2순환)

 1) 필요하지 않다   2) 필요하다   3) 잘 모르겠다

문 11. [온라인 교회와 오프라인 교회의 병행]

그렇다면 오프라인 교회와 온라인 교회를 병행하는 것에 대해서는 어떻게 생각하십니까? (1~2순환)

1) 찬성한다   2) 반대한다   3) 잘 모르겠다

문 12. [교회 호감도]

그렇다면 선생님이 교회에 대하여 가지는 호감은 어떻습니까? (1~2 순환)

1) 호감이 있다 (->문14)
2) 호감이 없다 (->문13)
3) 잘 모르겠다 (->문15)

문 13. [교회 호감이 없는 이유]

교회에 호감이 없는 이유는 다음 중에서 고른다면 무엇입니까? (1~5 순환)

1) 교회가 이기적이고 폐쇄적이기 때문
2) 교회가 이웃 봉사에 무관심하기 때문
3) 교회의 본질과 사명을 잃어 버렸기 때문
4) 언행일치가 안 되는 기독교인들 때문
5) 교회의 꼰대 문화 때문
6) 기타   7) 잘 모르겠다

문 14. [교회 호감이 있는 이유]

교회에 호감을 가지는 이유를 다음 중에서 고른다면 무엇입니까? (1~5 순환)

1) 교회가 지역사회 봉사를 많이 하기 때문
2) 기독교인 친구나 이웃이 너무 좋기 때문
3) 교회에서 성경과 복음을 가르쳐주기 때문
4) 교회의 목회자 모습을 신뢰하기 때문
5) 교회가 배움과 성장의 기회를 제공하기 때문
6) 기타   7) 잘 모르겠다

문 15. [기독교를 종교로 가질 의향]

기회가 된다면 본인의 종교로 기독교를 선택할 의향이 있습니까?

(정순,역순 순환)

정순	역순
1) 의향이 매우 많다	1) 의향이 전혀 없다
2) 의향이 어느 정도 있다	2) 의향이 없는 편이다
3) 의향이 없는 편이다	3) 의향이 어느 정도 있다
4) 의향이 전혀 없다	4) 의향이 매우 많다
5) 잘 모르겠다	5) 잘 모르겠다

Part3. 종료 멘트

End) 조사완료 : 조사에 끝까지 응답해 주셔서 대단히 감사합니다. 안녕히 계십시오.

Add) 조사중단 : 죄송합니다. 선생님께서는 이번 조사대상자가 아니시거나 이미 완료된 연령대이므로 조사를 진행하지 않습니다. 안녕히 계십시오.

미주

Part 1. Z세대(Generation Z) 이해

1) 〈국민일보〉 2023.2.21. "전도 왜 하는 거임?"… 한국교회 향한 Z세대 시선 보인다
2) 지용근외. 《2023 한국교회 트렌드.》 (서울: 규장, 2022), 171.
3) Tim Mcknight. Engaging Generation (MI, Grand Rapid: Kregel Ministry), 38-39.
4) 위의 책, 39.
5) 지용근외. 《2024 한국교회 트렌드.》 (서울: 규장, 2023), 107.
6) Tim Mcknight. Engaging Generation, 33-34.
7) 위의 책, 35-36.
8) 대학내일20대연구소. 《Z세대 트렌드 2024》 (서울: 위즈덤하우스, 2023)
9) Tim Mcknight. Engaging Generation, 41-42.
10) 포스트모던 문화는 계몽주의 이후 인간 이성과 합리주의가 절대적이고 우선시 되는 시대 사조가 1차 2차 세계대전 이후에 시대의 흐름과 사조가 점차 바뀌게 되었다. 후기현대주의라고 명명하는 포스트모던 문화는 절대 시 했던 인간 이성이 무너지고, 상대적인 관점에서 진리를 논의하고, 파편주의, 허무주의, 비관적인 현상이 문화 전반에 나타나는 시대 사조이다. 인간 이성보다 감성과 감각이 대두되고, 경험과 다양성이 중시되는 시대 사조를 말한다.

Part 2. Z세대 트렌드 특성

1) 정연승외 공저. 《Z세대, 우리에게 도착한다》 (서울: 기독경영연구원, 2024), 122-123.
2) 중앙그룹과 한국콘텐츠진흥원(콘진원)은 2024년 8월 28일 서울 강남구 코엑스에서 열린 '2024 국제방송영상마켓(BCWW)'의 콘퍼런스에서 이같은 Z세대 성향과 이들이 선호하는 콘텐트 특성을 분석, 발표했다. 콘퍼런스에서 발제한 '젠지(Gen Z, Z세대) 콘텐트 이용 트렌드 연구'는 중앙그룹이 콘진원과 함께 전국 15~69세 1519명을 대상으로 조사한 결과다. 콘진원 콘텐츠산업정책연구센터의 김인애 선임연구원은 Z세대 콘텐트 소비 특징이 '프리즘(PRISM)'으로 요약된다고 설명했다. '프리즘'은 다섯 가지 특징의 영문 앞 글자를 딴 키워드다.

3) 틱톡에서의 사례를 설명하고 있다.

4) 김상하. 《Z세대 라이프 스타일》 (서울: 크라우드 나인, 2024), 37-43.

5) 김효정. 《MZ세대 사용설명서》 (서울: 넥서스BIZ, 2023), 150-151.

6) 지용근외. 《2024 한국교회 트렌드.》(서울: 규장, 2023), 108.

7) 위의 책, 109.

8) 위의 책, 111.

9) 위의 책, 110.

10) 김상하, 《Z세대 라이프 스타일》, 43.

11) 대학내일 20대 연구소, 《Z세대 트렌드》 (서울: 위즈덤하우스, 2023), 234.

12) 위의 책, 236.

13) 김난도외. 《트렌드 코리아 2024》 (서울: 미래의 창, 2024), 183.

14) 위의 책, 183.

15) 정석환외. 《2024 트렌드 노트》 (서울: 북스톤, 2024), 37.

16) 제프 프롬& 앤지 리드/임가영옮김. 《최강소비권력, Z세대가 온다》 (서울: 홍익출판
사, 2020), 13..

17) 대학내일 20대 연구소, 《Z세대 트렌드》, 221.

18) 위의 책, 231-233.

19) 정석환외. 《2024 트렌드 노트》, 71-73.

20) 위의 책, 83.

21) 연승외 공저. 《Z세대, 우리에게 도착한다》 (서울: 기독경영연구원, 2024),135.

22) 위의 책, 135-136.

22) 위의 책, 135-136.

Part 3 2025년 Z세대 특성과 다리놓기

1) 김상하. 《Z세대 라이프 스타일》 (서울: 크라우드 나인, 2024), 37-43.

2) 정연승외 공저. 《Z세대, 우리에게 도착한다》 (서울: 기독경영연구원, 2024), 132, 139.

3) 김상하. 《Z세대 라이프 스타일》, 119.

4) 김용섭, 《Life Trend 2024》 (서울: 부키, 2024), 268-9.

5) 대학내일 20대 연구소. 《Z세대 트렌드》 (서울: 위즈덤하우스, 2023), 234-5.

6) 《국민일보》 국민일보 7월 1일. "연애 방송 프로에 'MZ 점술인' 등장… 샤머니즘 K-콘
텐츠 쏟아지는데… 교회 역할은"지난 6월 18일 첫 방송된 이 프로그램은 SBS 신규

예능 '신들린 연애'다. 방송가에 넘쳐나는 선남선녀의 연애 버라이어티를 표방했지만 진행자의 말마따나 출연자의 정체는 하나같이 예사롭지 않다. 역술인 무당 퇴마사 타로 마스터 등 'MZ 점술인' 8명이 출연한다. 프로그램은 티저 영상이 공개됐을 때부터 화제였는데 "누가 촉이 좋을 것 같아요"라는 제작진 질문에 한 출연자는 이렇게 답했다. "무당이 제일 좋죠. 신을 모시니까. 솔직히 인간이 뭘 알아. 아무것도 모르잖아."

7) 레너드 스윗/김영래옮김. 《영성과 감성을 하나로 묶는 미래교회》 (서울: 좋은 씨앗, 2022).

8) 〈기독일보〉 2024년 9월 4일, "리 스트로벨(Lee strobel) Z세대 전도의 첫 관문은 변증이다."

9) 위의 글

10) 정연승외 공저. 《Z세대, 우리에게 도착한다》 (서울: 기독경영연구원, 2024), 34.

11) 전석재 교수, 서요한 목사. 〈2025년 Z세대 종교인식도 조사〉를 2024년 2월에 Z세대 528명을 설문조사를 실시하였고, 통계 분석의 결과가 나왔다.

12) Tim Mcknight. Engaging Generation, 40.

13) 지용근외. 《2024 한국교회 트렌드.》 (서울: 규장, 2023), 172.

14) 대학내일 20대 연구소. 《Z세대 트렌드》 (서울: 위즈덤하우스, 2023), 40-41.

15) 위의 책, 47.

16) 위의 책, 54-55.

17) 정연승외 공저. 《Z세대, 우리에게 도착한다》, 137.

18) 김상하. 《Z세대 라이프 스타일》, 35.

19) 정석환외. 《2024 트렌드 노트》 (서울: 북스톤, 2024), 264.

20) 정연승외 공저. 《Z세대, 우리에게 도착한다》, 15.

21) 정석환외. 《2024 트렌드 노트》, 282-285. 이번에 대한축구협회에서 국가대표 축구 감독선임에 대한 논란도 '공정'에서 비롯되었다. "평가의 기준, 근거"가 무엇이냐? 과연 "공정"하게 했느냐? 라는 비판이 쏟아졌다.

22) 전석재, 서요한. 〈2025년 Z세대 종교인식도 조사〉

Part 5 Z세대를 향한 돌봄과 선교적 비전

1) 김병삼. 《다시, 교회》 (서울: 두란노, 2023), 48.

2) 〈국민일보〉 2024년 8월 31일자. 손동준 기자. "성장하는 교회는 OOO에 뜨겁다."일부 발췌

3) 찰스 E. 벤엔겐/임윤택옮김. 《하나님의 선교적 교회》(서울: CLC, 2014), 126-127.

4) 김병삼.《다시, 교회》, 39-40.

5) Dietrich Bonhoeffer, Letters and Papers from Prison (New York: Macmillian, 1953), 203.

6) 마이클 그린/ 황진기.《세상을 바뀐 복음전도》(서울: 두란노, 2024), 265.

7) 김병삼.《다시, 교회》, 205.

8) 마이클 그린/ 황진기.《세상을 바뀐 복음전도》, 278.

9) 조지 헌터(George G. Hunter III)/전석재, 정일오 옮김.《사도적 교회》(서울: 대서, 2014), 214.

10) 〈국민일보〉 2024년 8월 31일자. 손동준 기자. "성장하는 교회는 OOO에 뜨겁다."일부 발췌

11) 위의 글

12) 이재훈.《여러사람에게 여러모양으로 맞춤전도》(서울: 두란노, 2024), 23.

13) 위의 책, 26.

14) 〈기독일보〉 2024년 9월 4일, 리 스트로벨(Lee strobel), "Z세대 전도의 첫 관문은 변증이다."

15) 〈국민일보〉 2024년 8월 1일. "사라진 청년세대 불러모으려면 교회 재정·인사·기획 주도권 나눠라"

16) Chareles Van Engen, "Postmoderism-Possible Contribution" Evangelical Dictionary of World Missions (Grand Rapids, MI: Baker Books, 2000), 774.

17) 팀 켈러/ 장성우 옮김.《팀켈러의 탈기독교시대의 전도》(서울: 두란노,2022), 91-92.

18) 크리스토퍼 라이트, 정효진옮김.《하나님의 선교, 세상을 바꾸다》(서울: IVP, 2024), 141.

19) 〈국민일보〉 2024년 6월 5일. "복지서비스 신청 어렵죠? 교회가 도와 드려요"

20) 필자가 2022년 7월 11-14일까지 워싱턴중앙장로교회(류응렬목사)에서 열린 "2022년 제9차 KWMC 한인세계선교대회 예수 온 인류의 소망"에서 황영송목사의 특강과 면담을 통하여 뉴욕수정교회가 공동체성과 공공선을 위하여 난민사역에 대한 실제적인 스토리를 들을 수가 있었다. 개인적으로 Dayton OH는 선교학 박사학위를 취득한 United Theological Seminary 있는 곳이다.

21) 필자가 2022년 7월 12-13일 강의를 듣고 잠시 면담을 하였다.

22) 정기묵, "4차 산업혁명 시대의 목회와 선교,"《코로나19와 한국교회의 회심》, 182-183.

23) 김상균, 〈메타버스II〉 (서울: 플랜비디자인, 2022), 45-47

24) 현한나, "가나안성도를 위한 하이브리드교회와의 등장과 코로나시대의 메타버스교

회” 〈선교신학〉 제67집 (2022): 244.

25) 지용근외. 《한국교회 2023 트렌드》, 81. 하이브리드 처치(hybrid church)란 온라인, 오프라인을 동일하게 활용하고 두 영역을 유기적으로 연결하는 교회를 뜻한다. 온라인에서는 접근성과 효율을, 오프라인에서는 의미와 경험을 추구 할 수 있다. 어느 한곳에만 집중되지도, 우선시되지도 않고, 온라인, 오프라인 두 영역이 균형을 이루어야 한다.

26) 위의 책, 82.

27) 계재광, “코로나 상황에서 디지털 미션필드 사역에 관한 연구,” 제 79회 한국실천신학회 정기학술대회 발표, 2021.

28) 위의 책

29) 김병삼외. 《올라인 교회》(서울: 두란노, 2021), 20-21. 올라인교회의 사역과 선교를 만나교회 사례를 통하여 구체적으로 소개하고 있다.

30) 위의 책, 30-31.

31) 이재훈. 《여러사람에게 여러모양으로 맞춤전도》(서울: 두란노, 2024), 29.

32) 〈중앙일보〉 https://www.joongang.co.kr/article/25271238. 8월 18일 통계청 ‘7월 고용동향’에 따르면 지난 7월 청년층(15~29세) 가운데 ‘쉬었음’ 인구는 작년 동월보다 4만2000명 늘어난 44만3000명으로 집계됐다. 코로나19 팬데믹 때를 넘어선 숫자로 같은 달 기준 관련 통계 작성 이래 가장 많았다. ‘쉬었음’은 취업자나 실업자가 아닌 ‘비경제활동인구’ 중 중대한 질병이나 장애는 없지만 막연히 쉬고 싶은 상태에 있는 이들을 말한다. 비경제활동인구는 만 15세 이상 인구 중 취업자도 실업자도 아닌 사람을 뜻한다.”

33) 대학내일 20대 연구소. 《Z세대 트렌드》(서울: 위즈덤하우스, 2023), 49.

34) 위의 책, 51-52.

35) W. 오스카 톰슨 주니어, 클로드V. 킹공저/이혜림역. 《관계중심전도》(서울: 생명의 말씀사, 2009), 215.

36) 필립얀시, “기도와 선교 한국교회의 미래를 희망하는 이유입니다.” 〈목회와 신학〉 306권 (2014, 12월), 46.

37) 최동규, 전석재, 박관희. 《미래세대의 전도와 목회》(서울: 대한기독교서회, 2015), 160.

2025 Z세대 트렌드와 한국교회

초판 1쇄 발행 2024년 10월 15일

지은이 전석재 · 서요한
펴낸이 전석재
펴낸곳 다음시대연구소

편집 손애경
자료 여론조사공정(주)
인쇄 신일문화사
사진 motionelements . pngtree. imagetoday

등록 제2024-000033 호
주소 인천시 연수구 랜드마크로 19, 108동 2104호
전화 (대표) 010-2113-4792, 010-5090-4792
메일 jeon0262@naver.com
ISBN 979-11-989491-0-3

* 책값은 뒤표지에 있습니다.